Vreni und Dieter Theobald

Heut schleußt er wieder auf die Tür

Ein Familienbuch für die Advents- und Weihnachtszeit

BRUNNEN VERLAG GIESSEN/BASEL

ABCteam-Bücher erscheinen in folgenden Verlagen:
Aussaat- und Schriftenmissions-Verlag Neukirchen-Vluyn
R. Brockhaus Verlag Wuppertal
Brunnen Verlag Gießen (und Brunnquell Verlag)
Christliche Verlagsanstalt Konstanz
(und Friedrich Bahn Verlag / Sonnenweg Verlag)
Christliches Verlagshaus Stuttgart
(und Evangelischer Missionsverlag)
Oncken Verlag Wuppertal

CIP-Kurztitelaufnahme der Deutschen Bibliothek

Theobald, Vreni:
Heute schleusst er wieder auf die Tür:
e. Familienbuch für d. Advents- u. Weihnachtszeit /
Vreni u. Dieter Theobald. –
Giessen; Basel: Brunnen-Verlag, 1987.
(ABC-Team; 546: Geschenkband)
ISBN 3-7655-2546-4
NE: Theobald, Dieter:; GT

Umschlaggestaltung: Martin Künkler
Scherenschnitte: Heidi Widmer, Saland
Satz: Typostudio Rücker & Schmidt, Langgöns
Druck und Bindung: Ebner Ulm

Inhalt

Heut schleußt er wieder auf die Tür

Ein typisches Merkmal unserer Zeit ist, daß alles rasch gehen muß. Wir legen Wert auf kurze, sachliche Information. Gerafft und konzentriert – darauf kommt es an. Für ausholende Erörterungen haben wir keine Zeit. Was unnötig ist, wird kurzerhand abgeklemmt. Das ist keineswegs nur negativ.

Und doch ist das nur die eine Seite. Sie bewirkt, daß wir gejagt und gestreßt sind, mit wenig Sinn und Zeit für musische Dinge, vom Gemütvollen gar nicht zu reden. Daß dies auch Auswirkungen auf den religiösen, geistlichen Bereich des Lebens hat, ist leicht auszumachen. Wir können nur noch schlecht feiern! Im familiären wie im gottesdienstlichen Bereich.

Das „Beispiel Weihnachten" soll das einmal deutlich machen. Abgesehen davon, daß die Adventszeit eine Vorbereitungszeit auf Weihnachten ist, geprägt von zusätzlicher Arbeit, Hetze und Streß, ist das Weihnachtsfest selbst auf zwei, drei Tage zusammengeschrumpft. Und diese wenigen Tage sind noch weitgehend als Schlaf-, Eß- und Besuchszeit zweckentfremdet.

Das war ursprünglich nicht so. Uns ist eine „neue Welt" aufgegangen, als wir erkannten, daß unsere Väter des Glaubens aus der Frühkirche das Weihnachtsfest (ähnlich wie die Passions- und Osterzeit) vierzig Tage lang feierten. Für sie war dieser Zeitraum eingebunden in einen festen Ablauf des Kirchenjahres.

Zuerst wurde Weihnachten am 6. Januar gefeiert. Das ist in der Ostkirche heute noch so. Zählen wir vom 6. Januar vierzig Tage zurück, so kommen wir auf den 25. November. Mit diesem Tag, dem Gedenktag der heiligen Katharina, begann die Weihnachtszeit.

Wir haben uns seit einigen Jahren intensiver für die kirchengeschichtlichen Zusammenhänge interessiert und möchten für uns die Weihnachtszeit wieder „ausdehnen". Dabei kommt uns der Umstand zugute, daß wir als Leiter eines Gästehauses („Haus der Stille" Sunnebad in Sternenberg, Zürcher Oberland) diese Zeit mit vielen Menschen erleben und auch gestalten möchten. Bei der Beschäftigung mit der Advents- und Weihnachtszeit haben wir entdeckt, daß manche alte Sitte – vielerorts nur noch als Brauchtum gepflegt und von eher heidnischem als christlichem Aussehen – doch ursprünglich eine zutiefst christliche Bedeutung hatte.

Dieses Familienbuch für die Advents- und Weihnachtszeit umfaßt die Tage vom 25. November bis 6. Januar. Es trägt in manchem den Stempel eigener Erfahrungen, ist aber als Hilfe und Begleiter für andere christliche Familien, Gemeinden und Gruppen gedacht. Wir hoffen und wünschen, daß dadurch ihre Weihnachtszeit verlängert, verbreitert und – das vor allem – vertieft wird!

Vreni und Dieter Theobald

Katharinentag

Sei getreu bis an den Tod,
so will ich dir die Krone
des Lebens geben.

Offenbarung 2,10

Die ihr schwebt in großen Leiden,
sehet, hier ist die Tür zu den wahren Freuden.
Faßt ihn wohl, er wird euch führen
an den Ort, da hinfort euch kein Kreuz wird rühren.

Paul Gerhardt (1607-1679)

Die Kreuze im Leben des Menschen sind wie die Kreuze in der Musik: Sie erhöhen! *Ludwig van Beethoven*

Es liegt ein tiefer Doppelsinn in dem Wort vom „Erhöhtwerden ans Kreuz". Als Jesus das seinen Jüngern sagte, verstanden sie es nicht – verstanden sie ihn nicht. Wer könnte das auch verstehen?

Jesus dachte dabei zunächst daran, daß er erhöht am Kreuz – schwebend zwischen Himmel und Erde – der Wut und dem Haß der Welt nur die göttliche Ohnmacht und Schwachheit entgegenzusetzen hatte. Und er bejahte diese Ohnmacht!

Doch sein Erhöhtwerden ist im weiteren und viel umfassenderen Sinn ein Erhobenwerden über die Vergänglichkeit und Schwachheit. Es ist Ausdruck des Sieges, der Herrschaft und ein Offenbarwerden der Wahrheit.

„Darum hat ihn auch Gott erhöht und hat ihm den Namen gegeben, der über alle Namen ist ..." (Phil. 2,9).

Wer mit Jesus den Weg des Kreuzes geht, der wird auch mit ihm hineingenommen in das Erhöhtwerden Gottes!

Katharinentag

Ein wolkenloser, tiefblauer Himmel und die wärmenden Strahlen der Sonne lassen den Eindruck entstehen, es handle sich um einen Spätsommertag. Nur die laublosen Bäume und die vom Schnee bedeckten Berggipfel in der Ferne weisen darauf, daß wir im Jahresablauf schon bedeutend weiter sind. Und wirklich – in wenigen Tagen ist der 1. Advent. Ein Blick auf den Kalender bestätigt uns: Heute ist der 25. November.

Ein gewöhnlicher Wochentag – ein gewöhnlicher Arbeitstag. Doch der Kalender verrät noch mehr. Heute ist der Namenstag der Katharina.

Mit dem 25. November, dem Katharinentag, beginnt im Kirchenjahr die vierzigtägige Rüst- und Fastenzeit des Weihnachtskreises.

Evangelischen Christen ist zwar bekannt, daß ihre katholischen Mitchristen die vierzig Tage vor Ostern, also die Passionszeit, als Fastenzeit begehen. Weniger bekannt ist aber, daß die Glaubensväter der Frühkirche auch das Weihnachtsfest mit einer Fastenzeit eingeleitet haben. Ursprünglich wurde Weihnachten ja am 6. Januar gefeiert. Die Rüst- und Fastenzeit begann mit dem Gedächtnis an Katharina (gest. 307), eine der Märtyrerinnen der Kirche.

Die Legende berichtet:

In der Katakombe der heiligen Cyriaka in Rom hat man ein Wandbild aus dem 5. oder 6. Jahrhundert mit der Inschrift „Sancta Catharina“ gefunden. Aus dieser Tatsache darf man schließen, Katharina sei eine geschichtliche Gestalt und Märtyrerin gewesen, wenngleich alles, was von ihr berichtet werden kann, wie eine fromme Legende klingt.

Sie wuchs in Alexandrien auf und war mit reichen Geistesgaben ausgestattet. Trotz ihres hellen Verstandes war sie demütig, und die Anmut ihrer Gestalt wurde durch die Reinheit ihres Herzens verklärt. In Jesus erkannte sie den Besten unter den Menschenkindern, lernte ihn lieben und gelobte sich ihm in strahlender Freude an. Ihren Geist nährte sie aus dem göttlichen Wort.

Als Kaiser Maximinus im Jahr 307 in Alexandrien einzog und viele Christen, von der Furcht um ihr Leben überwältigt und dem Gebot des Kaisers sich fügend, das Opfer darbrachten, trat Katharina in flammender Entrüstung vor Maximinus und beschwor ihn, von seinem Befehl abzusehen, um nicht ungezählte Menschen in Schuld und Verdammnis zu stürzen.

„Erkenne den wahren Gott“, rief sie ihm zu, „der dir dieses Reich gegeben hat, und beuge deine Knie vor ihm. Er erhält auch jene, die gegen ihn toben und wüten, und nimmt den Reuigen mit Erbarmen auf.“

Ihr kühner Mut, ihre Weisheit und Anmut dämpften den Zorn des Kaisers. Er beschied sie auf einen späteren Tag, da sollte sie sich vor einer Anzahl Philosophen verteidigen. Sie überwand alle in der Kraft des Heiligen Geistes und durch die Inbrunst, mit der sie für ihren Herrn stritt.

Maximinus ließ durchblicken, er werde sie zur Kaiserin machen, wenn sie nur das befohlene Opfer vollziehe; aber er erntete nur ein mitleidiges Lächeln. Rasend vor Zorn ließ er die Jungfrau mit Ruten schlagen und ins Gefängnis werfen. Dort wurde sie heimlich von der Gattin des Kaisers aufgesucht, die das Mädchen zu sehen begehrte, das die Hand des Cäsars abgewiesen hatte. Katharina redete eindringlich mit ihr, und durch ihre Glaubensfreudigkeit, die auch im Gefängnis und angesichts des Todes standhielt, gewann sie das Herz der Kaiserin, so daß diese sich zu Christus bekannte. Katharina sollte aufs Rad geflochten werden; als aber ein Blitz das Marterwerkzeug zertrümmerte, wurde sie mit dem Schwert gerichtet.
(Aus: Jörg Erb, „Geduld und Glaube der Heiligen“.)

Katharina war eine Heldin und eine Märtyrerin! Seit alter Zeit schon feiert man den 25. November, den Katharinentag, als Gedenktag der ledigen Frauen. Durch die Jahrhunderte hindurch bis auf den heutigen Tag hat es viele „Katharinen“ gegeben. Ledige Frauen, die den Versuchungen und den Verlockungen dieser Welt widerstanden. Frauen, die um Jesu willen auf Ehe und Familie, auf Karriere und Erfolg verzichteten und mit ihrem Leben ein Zeichen setzten – ein Zeichen der Liebe und Treue, des Mutes und der Entschlossenheit.

Wir gedenken heute der zahllosen und namenlosen Heldinnen und Märtyrerinnen, die zu ihrer Zeit auf ihre Weise Glauben glaubhaft werden ließen.

*

In einer Blumenboutique habe ich für jede der ledigen Frauen unserer Hausgemeinschaft eine Orchidee gekauft. Danke für Eure Hingabe in der Euch zugeordneten Aufgabe!

In der Erinnerung an das Rad, auf das die heilige Katharina gespannt werden sollte, haben wir heute für alle Gäste unseres Hauses aus Hefeteig ein Zopfrad gebacken und auf den Frühstücksteller gelegt.

Ein alter Brauch ist es auch, zum 25. November „Katharinchen" zu backen. Es ist ein Gebäck in Form einer Frauenfigur. (Das Rezept für die „Katharinchen" vgl. Seite 22.)

*

Wir fasten! – Fasten? Wir?

Vor einiger Zeit erschien in der Zeitschrift „Entscheidung" ein Beitrag über das Thema „Fasten", der folgendermaßen begann:

„‚Ich habe schon acht Pfund abgenommen, und weitere acht kommen noch herunter. Seit zwei Wochen faste ich.' Gegenfrage: ‚Wie schaffst du das?' Antwort: ‚Ich helfe mir mit Zigaretten über die Runden.'

Im Land des Schlemmens mag jeder sehen, wie er sein Übergewicht wieder los wird. Fasten ist „in". Irgendwo wird einem übel bei dieser Praxis des Fastens, die nötig wird, weil die tägliche Zucht im Essen und Trinken nicht mehr da ist.

Man kann heute durchaus mit Zeitgenossen über das Fasten sprechen und stößt dabei auf Verständnis, Kenntnis und Erfahrungen. In Zeitschriften und Gesundheitsmagazinen werden „Fastenkuren", „Wochen des Heilfastens" und ähnliches angeboten. Bei unseren katholischen Mitchristen ist der Begriff des Fastens keineswegs ein Fremdwort.

In der kirchlichen Tradition hat Fasten einen festen Platz. Wie das in der Praxis gehandhabt wird, welche Motive dahinterstehen und wie ernsthaft es geschieht, bleibt dahingestellt und wird wohl bei jedem einzelnen anders aussehen.

Was aber bewegt uns dazu, in einer evangelischen Heimstätte Fastenklausuren anzubieten und zu praktizieren? Fangen wir damit einen Modetrend geschickt auf? Um es gleich vorwegzunehmen: Es geht uns schlicht und einfach darum, einem biblischen Anliegen in unserem Leben Raum zu schaffen. Wir wehren uns außerdem dagegen – und das nicht nur beim Thema Fasten –, daß man biblische Anliegen nur deshalb vernachlässigt, verdrängt oder ausklammert, weil sie von irgendeiner Seite mißbraucht oder in überzogener Weise praktiziert, propagiert und gelehrt werden. Wir möchten biblische Themen und Anliegen nicht „Sondergruppen“ überlassen.

Der Verlauf einer Fastenklausur

Zweimal im Jahr führen wir eine Fastenklausur durch – in der Passions- und in der Adventszeit (jeweils eine Woche lang). Es handelt sich dabei um ein „normales Fasten“, d.h. wir essen nichts, aber wir trinken. (Daneben gibt es das „absolute Fasten“, bei dem man weder ißt noch trinkt – jedoch höchstens 2 bis 3 Tage – und das „Teilfasten“, bei dem man auf gewisse Genuß- und Nahrungsmittel verzichtet.) Wir trinken ausschließlich Tee und Gemüsesäfte, einzelne nach Bedarf etwas Fruchtsaft. Eine verbindliche Regel in dieser Zeit lautet: Wir reden nicht vom Essen!

Wir haben in unserem Haus als „geistliche Tagesordnung“ die Tageszeitgebete: Dreimal treffen wir uns zu einer liturgischen Gebetszeit im Raum der Stille. Das bildet auch in der Fastenklausur den Rahmen. Am Vormittag halten wir jeweils eine Bibelarbeit oder ein Bibelgespräch miteinander, und am späteren Nachmittag ist Gelegenheit zum Austausch über Lebensfragen oder zu einer kreativen Arbeit über das biblische Tagesthema. Den Tagesabschluß bildet eine meditative Besinnung oder eine Fürbitte- bzw. eine Anbetungszeit. Im Schweigen gehen wir in die Nacht. Nach Absprache verlängern wir die schweigende Stille bis zur Mittagszeit.

Stille, Schlaf und Spaziergänge füllen die übrige Zeit. Wir sprechen ja von „Fastenklausuren“. Damit ist der Schwerpunkt auf Einkehr, Rückzug und Verinnerlichung gelegt. Daß der einzelne sich dabei nicht vereinsamt fühlt, sondern vertiefte Gemeinschaft erlebt, ist ein Geheimnis, das bereits zu den geistlichen Erfahrungen einer Fastenklausur gehört.

Praktische und geistliche Erfahrungen

Weitere Erfahrungen sind – zunächst im körperlichen Bereich – nach anfänglicher Schlappheit ein zunehmendes Fitsein und Wohlbefinden, das allerdings unterschiedlich erlebt und empfunden wird. Wenn auch an zweiter Stelle, wird die Gewichtsabnahme als wohltuend, befreiend, im wahrsten Sinne des Wortes als „erleichternd" empfunden. Dazu kommt vielfach eine spürbare geistige Frische und Aufnahmefähigkeit, eine Regeneration von Geist, Seele und Leib.

Da beim Fasten für uns fast immer der Schwerpunkt auf dem Verzicht auf Nahrung liegt, möchte ich noch erwähnen, daß „Fastenerfahrungen" auch darin liegen, auf andere Dinge zu verzichten, die sonst unser Leben prägen und bestimmen. Ich denke an den Verzicht auf Medienkonsum (Tageszeitung, Radio, TV, Telefon, Literatur usw.), an unnötige Kommunikation, an Zerstreuung durch die Vielfältigkeit der alltäglichen Begebenheiten. Diese „Fastenerfahrungen" können und werden noch ihre Auswirkungen haben, wenn wir die eigentliche Fastenzeit bereits beendet und abgebrochen haben.

Ein geistliches Leben in der Gesinnung des Fastens – ein fastendes Leben in geistlicher Gesinnung? Biblische Aspekte wieder neu entdeckt und erlebt!

In ihm war das Leben,
und das Leben
war das Licht der Menschen.

Johannes 1,4

Ich bin
das Brot des Lebens!

Johannes 6,48

Frisch auf in Gott, ihr Armen,
der König sorgt für euch.
Er will durch sein Erbarmen
euch machen groß und reich.
Der alles hat bedacht,
der wird auch euch ernähren.
Was Menschen nur begehren,
das steht in seiner Macht.

Johannes Rist (1607-1667)

Öffne dein Herz weit, um zu empfangen, was Gott gibt! Du wirst mehr als genug Gelegenheit haben, das Empfangene wieder weiterzugeben. Empfange noch, ehe du geben mußt. Lebe von dem, was Gott gibt. *Charles de Foucauld*

In der Schweiz gibt es das Wort „armengenössig". Es ist ein altes Wort, das bedeutet: Ein verarmter Mensch bekommt Unterstützung von seiner Bürgergemeinde. Heute würde man sagen: ein Sozialhilfeempfänger. Alle sind stolz, daß es diese Einrichtung gibt, aber keiner möchte sie in Anspruch nehmen müssen. Es ist fast eine Schande, „armengenössig" zu sein. Irgendwie liegt uns Menschen das im Blut. Unser Stolz läßt es nicht zu, fremde Hilfe zu beanspruchen, hilfsbedürftig zu sein.

Selbst Gott gegenüber geht uns das so. – „Lebe von dem, was Gott gibt" – das kostet Überwindung. Das ist demütigend. Und so vegetiert man lieber, als daß man mit beiden Händen zupackt und aus der dargereichten Fülle nimmt.

Dieser Tag ist eine neue Gelegenheit, aus der Fülle dessen zu nehmen und zu leben, was Gott uns gibt.

Wohl dem, der bei ihm „armengenössig" ist!

*

Ein unwiderstehlicher Duft dringt durch alle Ritzen des Hauses und erfüllt die Räume. Immer wieder streckt sich ein Kopf durch die geöffnete Küchentür und will bestätigt wissen, daß die Signale des Geruchsinns stimmen. – Sie stimmen wirklich!

In der Küche ist unsere Konditorin dabei, den Teig für Weihnachtsgebäck zu kneten. Während im Backofen die ersten „Guezli" von der Hitze goldgelbe Gesichter kriegen, werden auf dem Tisch Anis-Model geprägt: die heilige Familie, ein Hirte mit einem Schaf, ein Flötenjunge, ein praller Traubenklotz.

Nun steht es unwiderruflich fest: Wir sind in die Zielgerade auf Advent und Weihnachten hin eingebogen. – Wie freue ich mich auf diese Zeit! Nicht nur wegen des Weihnachtsgebäcks.

In Gedanken gehe ich zurück in meine Kindheit. Bilder leuchten auf, Erinnerungen werden wach. Ich sehe mich mit meinen Geschwistern um den Küchentisch gedrängt. Wir sitzen nicht auf den Stühlen – nein, wir knien darauf, um näher beim Geschehen zu sein. Die Mutter sticht Guezli aus. Wir begnügen uns aber keineswegs mit dem Zuschauen. Helfen wollen wir! Jedes Kind darf seine eigene Produktion gestalten. Und die kommt dann getrennt von den anderen auf das Kuchenblech.

Noch bevor die Mutter die Teigreste wieder zusammenkneten kann, schnappen wir uns kleine Stückchen. Es ist schwer zu sagen, was besser schmeckt: der rohe Teig oder die gebackenen Guezli.

Wie wünschten wir uns doch, daß diese Vorweihnachtszeit nie enden würde! Einfach jeden Tag Teig ausstechen, Glasur aufstreichen, Süßigkeiten schlecken: Kinderträume, die eine kleine Herrlichkeit bedeuten!

Heute komme ich nicht dazu, beim „Guezlibacken" zu helfen.

Andere Aufgaben warten auf mich. Aber ich ertappe mich, daß ich verdächtig oft den Weg zur Küche einschlage. Das Kind im Mann? Ich denke, es ist ein Stückchen Kinderfreude, die ich ins Erwachsenendasein retten konnte und die ich mir mein Leben lang erhalten möchte.

Aber was hat es mit der Plätzchenbackerei gerade zum Weihnachtsfest auf sich? Vielleicht gibt uns eine alte Legende Aufschluß darüber:

Als die Hirten auf dem Felde den Stern der Weihnacht sahen, machten sie sich eilends auf nach Bethlehem. Vor freudiger Erregung vergaßen sie, daß sie Brot im Backofen hatten. Daran erinnerten sie sich erst auf dem Rückwege, und sie rechneten damit, den Teig völlig verbrannt vorzufinden. Als sie aber den Backofen öffneten, da strömte ihnen ein wunderbarer Geruch entgegen. Vorsichtig kosteten sie den völlig schwarz gewordenen Teig, und statt des verkohlten Brotes hielten sie ein nie geschmecktes dunkles Gebäck in den Händen. Davon gaben sie allen Verwandten und Freunden eine Kostprobe; weil dies aber gar viele Menschen waren, brachen die Hirten das Gebäck in viele kleine Stückchen. Zur Erinnerung an dieses Wunder begannen sie dann, alljährlich zur Christnacht kleine würzige Honigkuchen zu backen, äußerlich dunkel und unansehnlich wie das Geschehen im Stall, aber voll nie geahnter Süße. (Aus: Otto Schlißke, „Apfel, Nuß und Mandelkern".)

Sicher, es gibt unzählig viele Gebäcksorten zu Weihnachten. Aber Lebkuchen oder Pfefferkuchen spielen unverändert die größte Rolle. Das Wort „leb" stammt aus dem Althochdeutschen. Es meint soviel wie „Leben", aber auch „Leib" oder „Laib". Andere Quellen verweisen auf die Deutung von „leb" als Heil- oder Arzneimittel.

Anklänge sind sicherlich auch im lateinischen „libum", d.h. Fladen. In der Schweiz kennt man die „Biberfladen", die den Lebkuchen sehr ähnlich sind. An manchen Orten sagt man statt Lebkuchen auch „Leckerli" („Basler Leckerli").

Nach altem Brauch sollen die Leb- und Pfefferkuchen mit siebenerlei Gewürzen gebacken werden: „Willst du gute Kuchen bakken, mußt' du haben sieben Sachen ...“

„Nimm deine sieben Sachen“, sagt man, wenn man möchte, daß jemand alle seine Habseligkeiten zusammenpackt. Sieben ist eine biblische Zahl. Sie ist Ausdruck der Vollendung (sieben Tage der Woche, sieben Leuchter in der Offenbarung). Sieben Gewürze im Lebkuchen bedeuten also: Alles, was man an guten Zutaten hat, kommt hinein.

Damit möglichst viele schöne Weihnachtsplätzchen unter dem Christbaum liegen, sollen einige Rezepte für Weihnachtsgebäck nicht fehlen (vgl. Seite 22, 23, 48, 49, 60, 61, 74, 94, 100, 101, 104).

Höret, ihr Völker, des Herrn Wort
und verkündet's fern auf den Inseln
und sprecht:
Der Israel zerstreut hat,
der wird's auch wieder sammeln
und wird es hüten wie ein Hirte seine Herde
denn der Herr wird Jakob erlösen
und von der Hand des Mächtigen erretten.

Jeremia 31,10.11

Nichts, nichts hat dich getrieben
zu mir vom Himmelszelt
als dein getreues Lieben,
womit du alle Welt
in ihren tausend Plagen
und großen Jammerlast,
die kein Mund kann aussagen,
so fest umfangen hast.

Paul Gerhardt (1607-1676)

Das bringt nur Christus fertig, aus Nacht Tag, aus Armut Reichtum, aus Verzweiflung Freude, aus Schwachheit Stärke zu machen. *Walter Goes*

Vielleicht haben wir uns zu sehr daran gewöhnt, an das Wort vom „kommenden Gott". Es läßt uns nicht mehr aufhorchen, es überwältigt uns nicht mehr.

Doch gerade das ist ja das einmalige bei dem lebendigen Gott. In allen anderen Religionen ist der Trend umgekehrt. Da ist eine Bewegung des Menschen auf der Suche nach Gott. Mit vielerlei Anstrengungen müssen sie die Gottheit erreichen. Da ist kein Entgegenkommen. Nicht einmal ein „Treffen auf halbem Wege".

Doch unser Gott kommt. Nicht nur entgegen. Er geht den ganzen Weg. Bis zum letzten Schritt. Bis zu uns. Die Bibel ist von A bis Z ein Zeugnis vom kommenden Gott. Das beginnt auf den ersten Seiten, wo Gott sich aufmacht und zu seinen abgefallenen Geschöpfen kommt: „Adam, wo bist du?" – Und es endet auf der letzten Seite, wo es heißt: „Und der Geist und die Braut sprechen: Komm! Und wer es hört, der spreche: Komm! ... Es spricht, der solches bezeugt: Ja, ich komme bald!" – Uns bleibt da nur zu sprechen: „Amen, ja komm, Herr Jesu!" (Offb. 22,17.20).

Dazwischen aber stehen die vielen Aussagen vom Kommen Gottes zu uns Menschen. Das ist unübersehbar! Das ist unüberhörbar!

In den nächsten Tagen ist Advent = Ankunft. Er kommt auch heute noch. Jetzt. Zu uns!

*

Der Adventskranz

Der Adventskranz begleitet uns durch die vorweihnachtlichen Tage und Wochen. An jedem der vier Adventssonntage wird eine Kerze mehr angezündet. Diese Tradition ist noch nicht alt. Erst zu Beginn unseres Jahrhunderts ist der Adventskranz in der Zeit der Jugendbewegung aufgekommen und hat eine schnelle Verbreitung gefunden.

Der Kranz ist gebunden aus den Zweigen der Tannen und Fichten. Sie erinnern an den Palmsonntag, wo die Menschen Zweige von den Bäumen hieben, um den auf einem Esel in Jerusalem einziehenden Jesus, den „Herrn der Herrlichkeit und König aller Königreich, den Heiland aller Welt zugleich", zu begrüßen. Wir besingen im Lied „die Zweiglein der Gottseligkeit". Wo draußen alles kahl, leer und kalt ist, bringen sie frisches, herrlich duftendes Grün. So werden sie zum Gleichnis und Symbol. Mitten in dem Winter unseres Lebens ist Frische und Lebendigkeit. Mitten in aller Hoffnungslosigkeit erwacht neue Hoffnung. Mitten in erstarrten und erfrorenen menschlichen Beziehungen entsteht belebende Wärme. Mitten in der Lieblosigkeit erwacht die Liebe. Wo wir am

Ende sind, setzt Gott einen neuen Anfang. Wir begrüßen ihn: „Macht hoch die Tür, die Tor macht weit."

Unseren Toten widmen wir bei der Beerdigung Kränze. An Allerheiligen, am Toten- oder Ewigkeitssonntag werden Kränze auf die Gräber gelegt. Nun steht ein Kranz im Zimmer. Aber es ist nicht der Kranz der Toten, sondern ein Siegeskranz, wie wir ihn von den Siegerehrungen bei Sportveranstaltungen kennen. Der Adventskranz verkündet den Sieg Christi über die bedrängenden Mächte der Schuld, der Sünde und des Todes. In der Nähe des Siegers, des Königs des Advents, werden wir, zwar oft besiegt, dennoch zu Siegern. Gewiß, auch der Adventskranz verdorrt wie die in die Friedhofskränze geflochtenen Blumen. „Ein Mensch ist in seinem Leben wie Gras. Er blüht wie eine Blume auf dem Felde. Sie sind wie ein Gras, das doch bald welk wird, das da frühe blüht und bald welk wird und des Abends abgehauen wird und verdorrt" – so sagt der Psalmist. Doch dann fährt er fort: „Die Gnade aber des Herrn währt von Ewigkeit zu Ewigkeit." Die Sonne des Ostermorgens mischt sich in das Kerzenlicht am Adventskranz. Der Tod ist verschlungen in den Sieg.

(Aus: Theodor Glaser, „Fröhliche Weihnachten".)

Ich sehe ihn, aber nicht jetzt;
ich schaue ihn, aber nicht von nahem.
Es wird ein Stern aus Jakob aufgehen
und ein Zepter aus Israel aufkommen …

4. Mose 24,17

Was der alten Väter Schar
höchster Wunsch und Sehnen war,
was die Seher prophezeit,
ist erfüllt in Herrlichkeit.

Heinrich Held (1620-1659

Der Glaube an Christus bedeutet: Die Vergangenheit ist geordnet, die Gegenwart ist erfüllt, die Zukunft ist erhellt. *Hans Bruns*

Wir sind wieder mitten in der Zeit der Weihnachtswünsche. Ich erinnere mich daran, wie ich als Kind meinen Wunschzettel an das Christkind schrieb. Wie unendlich lange dauerte es dann, bis endlich der Heiligabend kam und man wußte, welche Wünsche in Erfüllung gegangen waren!

Vielleicht sollten wir dem Kind dieses Wunschzettel-Schreiben nicht verwehren, ungeachtet aller Problematik. Wie rasch sind da falsche Akzente gesetzt! Wie problematisch ist die „Wunschzettel-Mentalität" bei uns Erwachsenen! Ganz zu schweigen von der manipulierten Bedarfsweckung der modernen Werbung.

Es hat sich eine geradezu katastrophale Verlagerung ergeben: Nicht mehr das Geschenk Gottes steht im Mittelpunkt, sondern die Geschenke der Menschen. Doch wir wollen nicht bei denen stehenbleiben, die mit dem „Geschenk der Geschenke", mit Jesus, nichts anfangen können.

Was also steht im Blick auf Weihnachten bei uns im Zentrum unserer Wünsche und unseres Sehnens?

Der Adventskalender

Vor mir liegen die Seiten einer Illustrierten, die unter ihren Lesern einen Adventskalender-Wettbewerb veranstaltet hat. Die originellsten Exemplare wurden prämiert und in der Illustrierten dem Leserkreis vorgestellt. Wahre Kunstwerke sind darunter. Dabei ist die Auswahl der Motive so unterschiedlich wie die verwendeten Materialien.

Da gibt es Adventskalender aus Salzteigfiguren und aus Karton, aus handgesponnener Wolle und aus Patchwork, gestrickt, geklebt und gebrannt. Im Prinzip sind alle gleich: jeder mit 24 „Überraschungen", für jeden Tag im Dezember (oder vom 1. Advent an) bis zum Heiligabend. Die meisten Adventskalender sind natürlich für Kinder gedacht und auf sie ausgerichtet. Die 24 Türchen sollen die Spannung und die Freude auf Weihnachten wecken, wachhalten und erhöhen.

Ich finde das schön! Obwohl man sicherlich bedenken muß, daß die Kinder nicht einseitig auf die Geschenke fixiert werden dürfen, wodurch sie häufig am Eigentlichen von Weihnachten vorbeigehen. Aber wir sollten auch nicht im Theoretischen steckenbleiben. Weihnachten und die Weihnachtsfreude müssen – vor allem für Kinder – konkret werden, anfaßbar sein.

Ich erinnere mich noch mit großer Freude an den Adventskalender, den wir als Kinder zu Hause hatten. Da hingen keine Süßigkeiten daran, aber wieviel Wunderbares barg er für uns! Es war ein Adventshäuschen mit 24 Fenstern und einer Tür. Jeden Tag durften wir einen Fensterladen öffnen. Auf rotem Transparentpapier dahinter stand eine Adventsverheißung der Bibel. Die Kerze im Häuschen ließ die roten Fenster weihnachtlich erstrahlen.

Wir waren sicherlich von den Verheißungsworten nicht hingerissen. Aber wir lasen und hörten sie immer wieder, und sie prägten sich uns ein.

Wie prägend diese Begegnung mit dem Adventshäuschen war, merkte ich erst jetzt wieder, an die vierzig Jahre später: Der Verlag der St. Johannis-Druckerei brachte dieses alte Adventshäuschen neu auf den Markt. Als ich es in Händen hielt, fühlte ich mich zurückversetzt in die Adventsstube meiner Kindheit. Erinnerungen und Erlebnisse mit diesem Adventskalender wurden wach, und ich hörte die Stimme der Mutter, die uns Adventsverheißungen vorlas.

Backrezepte für die Advents- und Weihnachtszeit

Katharinchen

250 g Honig
900 g Mehl
250 g Zucker
12 g Pottasche
3 Eier
1 TL gemahlener Zimt
1 TL Kardamom
1 TL gemahlene Nelken
3 EL Rum
75 g gehackte Mandeln
Mehl zum Ausrollen und Bestäuben
Margarine zum Einfetten

Ausreichend für ca. 140 Stück

Honig in einem Topf bei schwacher Hitze zergehen lassen. Die Hälfte des Mehls in eine Schüssel geben. Den etwas abgekühlten, aber noch warmen Honig mit einem Löffel oder dem Handrührgerät (Knethaken) unterrühren. Zucker, Pottasche, Eier, Gewürze, Rum und Mandeln unterrühren. Teig auf ein bemehltes Backbrett oder Arbeitsfläche geben. Mit dem restlichen Mehl zu einem glatten Teig kneten. 2 Stunden im Kühlschrank zugedeckt ruhen lassen. Teig dann auf einem bemehlten Backbrett 1/2 cm dick ausrollen. Mit den Katharinchen-Formen ausstechen. Auf ein gefettetes und bemehltes Backblech legen. In den vorgeheizten Ofen schieben (mittlere Schiene).
Backzeit ca. 10 Minuten bei 180 Grad. Nach dem Backen auf einem Kuchengitter abkühlen lassen.

Tannenbäumchen aus Lebkuchenteig

250 g Kunsthonig
80 g Zucker
1 TL Zimt
1 Msp Nelken
1 Ei
500 g Mehl
1 Päckchen Backpulver
Zum Verzieren:
Eiweißglasur von 2 Eiweiß
etwa 200 g Puderzucker
Zum Ausstechen:
1 Stern von etwa 13 cm Durchmesser

Kunsthonig auf kleiner Hitze flüssig werden lassen, vom Herd nehmen. Nach und nach den Zucker, die Gewürze, das Ei unterrühren und zum Schluß zwei Drittel von dem mit dem Backpulver vermischten Mehl daruntergeben. Das restliche Mehl auf ein Brett sieben und kräftig verkneten. Der Teig muß fest sein!
½ cm dick ausrollen, Sterne und Plätzchen ausstechen und auf einem gut gefetteten Blech bei Mittelhitze backen.
Noch heiß vorsichtig vom Blech lösen und in die Mitte jedes Sternes und Plätzchens mit einem Holzstäbchen stechen. Die Sterne der

1 Stern von etwa 11 cm Durchmesser
je 1 Stern von etwa 8 1/2, etwa 4 1/2 und etwa 3 1/2 cm Durchmesser und 1 rundes Plätzchen von etwa 2 1/2 cm Durchmesser.
Für ein Bäumchen braucht man von jeder Größe einen Stern und 5 kleine Plätzchen (die Sternformen kann man sich aus Pappdeckeln selbst zurechtschneiden)
für jedes Bäumchen 1 Holzstäbchen

Größe nach auf ein Holzstäbchen stecken, zwischen jeden Stern ein Plätzchen stecken, so daß ein Bäumchen entsteht. Auf die Spitze eine Kugel aus Marzipan oder Schokolade oder auch Christbaumschmuck setzen. Das Bäumchen mit Eiweißglasur betropfen (dafür Puderzucker sieben und mit dem Eiweiß 15 Minuten gut rühren), dann trocknen lassen.

Stollen aus Knetteig

500 g Mehl
1 Päckchen Backpulver
200 g Zucker
das Abgeschabte einer Vanilleschote
etwas Salz
etwas Bittermandelöl
2 EL Rum
Schale 1/2 ungespritzten Zitrone
1 Msp Kardamom
1 Msp Muskatblüte
2 Eier
125 g Butter
50 g Rinderfett
250 g trockener Quark
125 g Korinthen
125 g Rosinen
125 g gemahlene Mandeln
40 g feingehacktes Zitronat
50 g Butter zum Bestreichen
50 g Puderzucker zum Bestreuen

Mehl und Backpulver mischen und auf ein Brett sieben. In die Mitte eine Vertiefung drücken, Zucker, Gewürze und Eier hineingeben und mit einem Teil des Mehls zu einem dicken Brei verarbeiten. Die in Stücke geschnittene kalte Butter, das feingehackte Rinderfett, den durch ein Sieb gestrichenen Quark, Korinthen, Rosinen, gemahlene Mandeln und feingehacktes Zitronat hinzufügen. Mit Mehl bedecken und alle Zutaten zu einem glatten Teig verkneten. Falls er klebt, noch etwas Mehl dazugeben. Zu einem Stollen formen, auf ein mit gefettetem Pergamentpapier oder Backpapier belegtes Backblech geben. Nach dem Backen mit zerlassener Butter bestreichen und dick mit Puderzucker bestreuen.
Backhitze: 200 Grad, Backzeit: 60 bis 70 Minuten.

Die Nacht ist vorgerückt,
der Tag aber nahe herbeigekommen.
So laßt uns ablegen die Werke der Finsternis
und anlegen die Waffen des Lichts.

Römer 13,12

Die Nacht ist vorgedrungen,
der Tag ist nicht mehr fern.
So sei nun Lob gesungen
dem hellen Morgenstern.
Auch wer zur Nacht geweinet,
der stimme froh mit ein.
Der Morgenstern bescheinet
auch deine Angst und Pein.

Jochen Klepper (1903-1942)

Jede dunkle Nacht hat ein helles Ende.
Persisches Sprichwort

In dieser Jahreszeit werden die Nächte länger, die Tage kürzer. Gerade für die bevorstehenden Adventswochen ist das schön. Kerzenlicht schafft für besinnliche Abende die entsprechende Atmosphäre. Und doch – Kerzenlicht und Sternenfunkeln ersetzen nicht die Sonnenstrahlen und die Helligkeit des Tages. Nach der langen Winterszeit sehnt man sich dann direkt wieder nach den langen Tagen! Niemals wird die Nacht ihren „Durchgangscharakter" verlieren. Lebensnotwendige Ruhepause auf der einen Seite, auf der anderen aber die düstere, manchmal schreckensvolle und mit Grauen beladene Unterbrechung des Tages.

Im Neuen Testament werden wir auf die unterschiedlichste Weise dazu aufgefordert, uns nicht in den Sphären der Nacht aufzuhalten

– „Nacht“ steht da immer für Sünde, Böses, Herrschaft der Finsternis –, sondern zum Licht durchzudringen.

Wir können die Nacht nicht aus unserem Leben heraushalten; sie gehört dazu. Aber wir können immer wieder in den Tag, in das Licht treten.

Advent erinnert uns daran, daß Jesus Christus als Licht in diese Welt gekommen ist, um die Werke der Finsternis zu zerstören und die Nacht zurückzudrängen. Wer ihm folgt, bleibt nicht in der Nacht. Für ihn hat auch die dunkelste Nacht ein helles Ende!

*

Vom Schreibtisch meiner Studierstube aus genieße ich einen wunderbaren Blick über die bewaldeten Höhenzüge des Zürcher Oberlandes. An klaren Tagen zeigen sich dahinter die Gipfel der Glarner und der Innerschweizer Alpen.

Heute ist so ein Tag! Der Glärnisch – jetzt mit Schnee bedeckt – prägt in gestochen scharfen Konturen den Horizont. Doch das ist es nicht, was meinen Blick gefangennimmt. Der blauschwarze Tannenwald hat meine Aufmerksamkeit auf sich gezogen. Dazwischen erkenne ich immer wieder dunkelbraune Flecken laubloser Buchen. Was für ein Wunder, daß in jedem Jahr neu diese Laubbäume im Frühling zartgrüne Blätter treiben und im Herbst das buntwelke Laub wieder vom Sturm abschütteln lassen! Der Schöpfer in seiner Weisheit hat das alles geplant. Kaum vorstellbar, wenn die weißen Schneemassen auf belaubte Bäume fielen. Die Äste würden bei so übermächtiger Last abbrechen, zersplittern.

Die Nadelbäume aber tragen jahraus, jahrein ihr Nadelkleid. Wenn ihnen die Schneelast zu groß wird, lassen sie den Schnee elegant und geräuschvoll abgleiten, schütteln ihn ab wie ein staubiges Gewand.

Ich erinnere mich aus meiner Kindheit an die Geschichte „Vom Bäumlein, das andere Blätter hat gewollt“. Eine kleine Tanne, unzufrieden mit ihrem Nadelkleid, wünscht sich ein Laubkleid. Ihr Wunsch geht in Erfüllung. Unter anderem erhält sie sogar goldene Blätter. Doch entsetzt muß sie feststellen, daß ihr die Erfüllung ihres Wunsches erhebliche Schwierigkeiten einbringt. Zum Schluß wünscht sie sich wieder ihr bescheidenes Nadelkleid.

Wie hat mich diese Geschichte immer beeindruckt!

Ich blicke wieder über die Weiten blauschwarzer Tannenwälder.

Natürlich sind sie nicht blauschwarz. Nur die winterliche Kälte und die einbrechende Dämmerung lassen sie so erscheinen. Tiefgrün ist ihre Farbe. Das weiß ich natürlich. Erst heute morgen habe ich im Wald Tannenäste gesammelt. Denn in zwei Tagen ist Advent. Wir möchten unser Haus mit Tannengrün schmücken. In Joghurtgläschen stecken wir Tannen- und Mistelzweige, verzieren sie mit Strohsternen und ordnen sie geschickt um eine schlanke, weiße Kerze. Ein Willkommensgruß für unsere Adventsgäste.

Nur eine Kleinigkeit – eine Äußerlichkeit! Aber wir möchten Freude damit bereiten. Wenn uns der Herr mit seinem Kommen so reich beschenkt, wie sollten wir nicht auch schenken wollen?

Eine Kerze als Hinweis auf das Licht, das in die Welt kam, und ein Tannenzweig, ein immergrüner, als Hinweis auf das ewige Leben, das uns der Heiland gebracht hat.

Ich kann es mir nicht verkneifen, an einem Tannenzweig ein bißchen zu kokeln. Dieser Duft – er gehört einfach dazu!

*

Vom Bäumlein, das andere Blätter hat gewollt

Es ist ein Bäumlein gestanden im Wald
In gutem und schlechtem Wetter,
Das hat von unten bis oben
Nur Nadeln gehabt statt Blätter;
Die Nadeln, die haben gestochen,
Das Bäumlein, das hat gesprochen:

Alle meine Kameraden
Haben schöne Blätter an,
Und ich habe nur Nadeln,
Niemand rührt mich an;
Dürft ich wünschen, wie ich wollt,
Wünscht ich mir Blätter von lauter Gold.

Wie's Nacht ist, schläft das Bäumlein ein,
Und früh ist's aufgewacht;
Da hatt' es goldne Blätter fein,
Das war eine Pracht!
Das Bäumlein spricht: Nun bin ich stolz;
Goldne Blätter hat kein Baum im Holz.

Aber wie es Abend ward,
Ging der Räuber durch den Wald,
Mit großem Sack und großem Bart,
Der sieht die goldnen Blätter bald;
Er steckt sie ein, geht eilends fort
Und läßt das leere Bäumlein dort.

Das Bäumlein spricht mit Grämen:
Die goldnen Blättlein dauern mich;
Ich muß vor den andern mich schämen,
Sie tragen so schönes Laub an sich;
Dürft ich mir wünschen noch etwas,
So wünscht ich mir Blätter von hellem Glas.

Da schlief das Bäumlein wieder ein,
Und früh ist's wieder aufgewacht;
Da hatt' es glasene Blätter fein,
Das war eine Pracht!
Das Bäumlein spricht: Nun bin ich froh;
Kein Baum im Walde glitzert so.

Da kam ein großer Wirbelwind
Mit einem argen Wetter,
Der fährt durch alle Bäume geschwind
Und kommt an die glasenen Blätter;
Da lagen die Blätter von Glase
Zerbrochen in dem Grase.

Das Bäumlein spricht mit Trauern:
Mein Glas liegt in dem Staub,
Die andern Bäume dauern
Mit ihrem grünen Laub;
Wenn ich mir noch was wünschen soll,
Wünsch ich mir grüne Blätter wohl.

Da schlief das Bäumlein wieder ein,
Und wieder früh ist's aufgewacht;
Da hatt' es grüne Blätter fein,
Das Bäumlein lacht
Und spricht: Nun hab ich doch Blätter auch,
Daß ich mich nicht zu schämen brauch.

Da kommt mit vollem Euter
Eine alte Geiß gesprungen;
Die sucht sich Gras und Kräuter
Für ihre Jungen;
Sie sieht das Laub und fragt nicht viel,
Sie frißt es ab mit Stumpf und Stiel.

Da war das Bäumlein wieder leer,
Es sprach nun zu sich selber:
Ich begehre nun keine Blätter mehr,
Weder grüner, noch roter, noch gelber!
Hätt ich nur meine Nadeln,
Ich wollte sie nicht tadeln.

Und traurig schlief das Bäumlein ein,
Und traurig ist es aufgewacht;
Da besieht es sich im Sonnenschein
Und lacht und lacht!
Alle Bäume lachen's aus;
Das Bäumlein macht sich aber nichts draus.

Warum hat's Bäumlein denn gelacht
Und warum denn seine Kameraden,
Es hat bekommen in einer Nacht
Wieder alle seine Nadeln,
Daß jedermann es sehen kann;
Geh 'naus, siehs selbst, doch rührs nicht an.
Warum denn nicht?
Weils sticht.

Friedrich Rückert

Tag des Apostels Andreas

Als du jünger warst,
gürtetest du dich selbst
und gingst, wo du hin wolltest;
wenn du aber alt wirst,
wirst du deine Hände ausstrecken,
und ein anderer wird dich gürten und führen,
wo du nicht hin willst.

Johannes 21,18

Komm, o mein Heiland Jesu Christ;
meins Herzens Tür dir offen ist.
Ach, zeuch mit deiner Gnade ein;
dein Freundlichkeit auch uns erschein.
Dein Heilger Geist uns führ und leit
den Weg zur ewgen Seligkeit.
Dem Namen dein, o Herr,
sei ewig Preis und Ehr.

Georg Weissel (1590-1635)

Eines Tages zerbrechen die Sicherungen unserer Existenz, die bisher uns so selbstverständlich dünkten. Der Garantieschein für unser Leben und unsere Zukunft, den wir so selbstsicher in der Tasche hatten, wird auf einmal ungültig. Jeder Verzicht, jeder Verlust und die versagten Wünsche, jede Krankheit und jedes Grab wird zu einem Aufschrei unserer Seele, löst ein geheimes Sehnen aus: Daß nicht vergessen werde, was man so leicht vergißt, daß diese arme Erde nicht unsere Heimat ist. *Walter Künneth*

Die „zweite Geige", die den Ton angibt

Wer hat es nicht schon miterlebt: Kurz bevor das Konzert beginnt, erhebt sich der erste Geiger und gibt den Ton an, nach dem alle übrigen Spieler ihr Instrument stimmen.

Mit einem etwas negativen Beigeschmack wurde daraus die Redewendung: „Der will die erste Geige spielen!" Das heißt: Er will den Ton angeben, Wortführer sein. Die andern haben zu folgen.

Heute feiern wir den Tag des Apostels Andreas. Er war ein Mann, der immer im Schatten seines Bruders Simon stand, der immer die zweite Geige spielte. Und doch gab er in entscheidenden Situationen den Ton an. Zurückhaltend und bescheiden, nicht im Rampenlicht wie sein Bruder Simon – aber seine „Tonangabe" ist nicht zu überhören.

Andreas, als ehemaliger Jünger des Täufers Johannes, begegnet Jesus vor seinem Bruder Simon. Er folgt ihm, nachdem Jesus ihn aufgefordert hatte: „Komm und sieh!" (Joh. 1,38-42).

Diese Begegnung mit Jesus war für Andreas so entscheidend, daß er noch viele Jahre später genau wußte: „... es war um die zehnte Stunde." Durch Andreas fand Simon zum Glauben an Jesus. Und damit tritt Andreas ins zweite Glied und überläßt Simon „die erste Geige". Bei den Aufzählungen der Apostel kommt seitdem Simon vor Andreas.

Lediglich bei zwei Begebenheiten tritt Andreas auf seine Weise noch einmal in den Vordergrund, steht er im Mittelpunkt: Beim Speisungswunder (Joh. 6,8-9) gibt er seinem Meister den Hinweis, daß ein Junge in der Menge fünf Brote und zwei Fische hat. In Joh. 12,20-22 erfahren wir, daß Andreas die Griechen, die Jesus gern sehen möchten, zu Jesus bringt.

Damit ist das eigentliche Charisma des Andreas angesprochen. Er kann Beziehungen knüpfen, Verbindungen schaffen. Er führt seinen Bruder Simon zu Jesus, ebenso den Jungen mit den Broten und Fischen und die Griechen. Andreas mag da von seinem früheren Meister Johannes dem Täufer gelernt haben. Auch der war Wegbereiter.

Die frühe Kirchengeschichte weiß zu berichten, daß Andreas das Evangelium in die Länder des südlichen Kaukasus – Armenien, Osttürkei, Schwarzmeerküste – getragen hat.

Gegenüber seinem Bruder Simon spielte Andreas nur die zweite Geige. Trotzdem hat er – dank seiner besonderen Gaben – im Leben unzähliger Menschen den „Ton“ angegeben.

Ein Leben lang mag ihm sein Bruder Simon immer wieder vorausgewesen sein. In zwei entscheidenden Situationen aber war Andreas dem Simon voraus: Er trat vor Simon in die Nachfolge Jesu ein –, und er mußte oder durfte als erster sein Leben als Märtyrer vollenden.

Beide – Andreas und Simon – sollen der Überlieferung nach am Kreuz gestorben sein. Zuerst Andreas, am Schrägkreuz (dem sogenannten Andreaskreuz), und zwei bis fünf Jahre später Simon – mit dem Kopf nach unten. Mit ihrer Bereitschaft, den Märtyrertod für Jesus zu sterben, waren sie beide richtungsweisend für alle Jesus-Nachfolger.

Andreas († um 62)

Von dem Wort *Johannes des Täufers* geleitet – „Siehe, das ist Gottes Lamm, das der Welt Sünde trägt“ –, suchte Andreas Jesus in seiner Herberge auf, verbrachte eine ganze Nacht im Gespräch mit ihm und gewann die Überzeugung, die Botschaft des Johannes sei wie die Morgenröte, die den nahenden Tag verkündet. Er lief zu seinem Bruder und berichtete ihm: „Wir haben den Messias gefunden!“ Darum nennt ihn die Ostkirche den „Erstberufenen“. Er wurde von Jesus unter die Zwölfboten aufgenommen und gehörte mit *Petrus, Jakobus* und *Johannes* zu dem engeren Jüngerkreis. Er war zugegen, als Jesus die Schwiegermutter des Petrus heilte, und hörte aus seinem Mund die Worte vom Untergang des Tempels und der heiligen Stadt und vom Ende aller Dinge.

Nach dem zusammenstimmenden Zeugnis der Väter trug Andreas nach der Ausgießung des Heiligen Geistes das Evangelium durch die von der Sonne verbrannten Steppen Armeniens, durch die wilden Schluchten Turkestans und in die Landstriche am Schwarzen Meer; darum verehrt ihn die Kirche in Rußland als ihren Apostel. Er wandte sich westwärts nach Skythia, der heutigen Dobrudscha, erzählte die frohe Botschaft in den Zelten der Wanderhirten und Jäger und gelangte nach Paträ in Südgriechenland. Hier wurde er verhaftet und verhört.

Nach einer in Paträ aufbewahrten Handschrift hat er dem Statthalter auf seine Fragen geantwortet: Christus hat sich freiwillig für die Menschen hingegeben, um sie zu retten; wer seine Sendung in die Worte faßt: „Niemand hat größere Liebe als die, daß er das Leben für die Brüder hingibt", dessen Tod muß als freiwillig und als Geheimnis der Erlösung hingenommen werden. Auf den Einwurf des Statthalters, der Kreuzestod sei eine Strafe und kein Geheimnis, antwortete Andreas: Er ist beides zugleich: Strafe, weil dadurch die Sünde der Welt gesühnt wird; Geheimnis, weil dadurch die Versöhnung zwischen Gott und der sündigen Welt zustande gekommen ist. Nun ist dem Gläubigen statt Strafe und Verdammung Gnade und ewiges Leben zugesichert. – Andreas starb am Schrägkreuz; er hat es geküßt, ehe er daran geschlagen wurde, in der Gewißheit, er gehe seinem Meister entgegen. Wilhelm Löhe schreibt in seinem Martyrologium: „Jesus, Andreas und Petrus, alle drei gekreuzigt: der Herr aufrecht, Petrus mit dem Kopf abwärts, Andreas am Schrägkreuz. Kreuzespredigten genug! Gekreuzigter, laß mir dein Kreuz je länger je lieber sein."
(Aus: Jörg Erb, „Geduld und Glaube der Heiligen".)

1. Advent

Das Volk, das im Finstern wandelt,
sieht ein großes Licht,
und über denen, die da wohnen im finstern Lande,
scheint es hell.
Du weckst lauten Jubel,
du machst groß die Freude.
Vor dir wird man sich freuen,
wie man sich freut in der Ernte,
wie man fröhlich ist, wenn man Beute austeilt.
Denn du hast ihr drückendes Joch,
die Jochstange auf ihrer Schulter
und den Stecken ihres Treibers zerbrochen
wie am Tage Midians.
Denn jeder Stiefel, der mit Gedröhn dahergeht,
und jeder Mantel, durch Blut geschleift,
wird verbrannt und vom Feuer verzehrt.
Denn uns ist ein Kind geboren,
ein Sohn ist uns gegeben,
und die Herrschaft ruht auf seiner Schulter;
und er heißt Wunder-Rat, Gott-Held, Ewig-Vater, Friede-Fürst;
auf daß seine Herrschaft groß werde
und des Friedens kein Ende auf dem Thron Davids
und in seinem Königreich,
daß er's stärke und stütze durch Recht und Gerechtigkeit
von nun an bis in Ewigkeit.
Solches wird tun der Eifer des Herrn Zebaoth.

Jesaja 9,1-6

Die Völker haben dein geharrt,
bis daß die Zeit erfüllet ward;
da sandte Gott von seinem Thron
das Heil der Welt, Dich seinen Sohn.
Wenn ich dies Wunder fassen will,
so steht mein Geist vor Ehrfurcht still,
er betet an, und er ermißt,
daß Gottes Lieb unendlich ist.

Christian Fürchtegott Gellert (1715-1769)

M*it diesem Jesus von Nazareth bekommen wir nicht das, was wir wollen, sondern den, den wir brauchen.*

Johannes Kuhn

Heute ist der 1. Advent. Unser Haus ist darauf vorbereitet. Tannengrün und Kerzenlicht, Strohsterne und Krippenfiguren: Überall stößt man auf adventliche und weihnachtliche Zeugen. Sind auch wir vorbereitet? Vorbereitet auf den Kommenden? Sind unser Herz und Leben wieder neu zu seinem Einzug bereit?

Wir möchten bereit sein. Wirklich!

Wir halten an diesem ersten Advent ein Besinnungs- und Einkehrwochenende. Ein adventliches Lobpreisen und Anbeten. Obwohl das Haus voller Gäste ist, herrschen Stille und Andacht. Entspannte Ruhe und Freude auf den Gesichtern. Und immer wieder treffen wir uns im „Raum der Stille", um in kurzen Besinnungen auf die Messias-Verheißungen zu hören. Und wieder versammeln wir uns, um den Lobpreis Gottes erschallen zu lassen, um ihn anzubeten.

Das Wunder geschieht – eine zusammengewürfelte Schar von Menschen, die den Herrn lieben, werden durch den Geist Gottes vereint zu einer anbetenden Gemeinde. *„O lasset uns anbeten den König, den Herrn!"*

Ach daß die Hilfe aus Zion
über Israel käme
und der Herr sein gefangenes Volk erlöste!
So würde Jakob fröhlich sein
und Israel sich freuen.

Psalm 14,7

Auf, auf, ihr Vielgeplagten,
der König ist nicht fern.
Seid fröhlich, ihr Verzagten;
dort kommt der Morgenstern.
Der Herr will in der Not
mit reichem Trost euch speisen;
er will euch Hilf erweisen,
ja dämpfen gar den Tod.

Johannes Rist (1607-1667)

So dich aber nichts mehr zu trösten vermag denn Gott, wahrlich, so tröstet er dich auch. *Dag Hammarskjöld*

In der Schweiz kennt man ein schönes Wort. Es heißt „Trösterli". Wenn ein Kind hinfällt, sich verletzt hat und nun herzzerbrechend weint – dann erhält das Kind ein „Trösterli". Vielleicht ein Bonbon, ein Stückchen Schokolade, ein gutes Wort oder die Hand der Mutter, die zärtlich über sein Haar fährt. Ein „Trösterli"! Ein Ersatz! Eine Beruhigung!

Wie wenig ist nötig, um echten Trost zu spenden! Nicht nur bei Kindern. Wie mancher Mensch sehnt sich in seinem Leid oder in seiner Not nach einem „Trösterli"! Und wir merken es nicht einmal. Oder vielleicht will man es nicht merken. Immer wieder werden wir da schuldig an anderen Menschen.

Von Gott heißt es, daß er der „Gott allen Trostes“ sei. Und Johannes Rist singt in seinem Adventslied: „Der Herr will in der Not mit reichem Trost euch speisen.“ Nicht abspeisen. Er gibt nicht nur ein „Trösterli“. Das ist echter, umfassender Trost. Und dieser Trost Gottes hat einen Namen. Er heißt Jesus.

Weil das Wort mir so gut gefällt, sei es mir erlaubt zu sagen: Jesus ist Gottes „Trösterli“ für uns!

*

Adventszeit – Fastenzeit

Die Väter der frühen Kirche haben die Adventszeit – der Passionszeit vergleichbar – als eine Fastenzeit angesehen und gehalten. Sie wollten damit den Charakter dieser Zeit als Vorbereitungs- und Erwartungszeit unterstreichen.

Advent heißt Ankunft. Ankunft und Erwartung lassen sich kaum trennen. Sie bedingen einander. Wer jemanden erwartet, rechnet ganz fest damit, daß der andere kommt. Ich warte nur auf einen Menschen, wenn ich weiß, daß er kommt.

Eine schwangere Frau ist „in Erwartung“. Der Augenblick der Geburt wird als „Niederkunft“ bezeichnet. Erwartung und Niederkunft! – Wir können ohne Abänderung diese beiden Begriffe und ihre inhaltliche Bedeutung auch auf die Beziehung der Gemeinde und Christus übertragen. Wir sind in Erwartung! Wir warten auf die Ankunft, die Niederkunft unseres Herrn!

Dora Rappard singt in einem ihrer Lieder:

„Es harrt die Braut so lange schon,
o Herr, auf dein Erscheinen,
wann willst du kommen, Gottessohn,
zu stillen all ihr Weinen
durch deiner Nähe Seligkeit?
Wann bringst du die Erquickungszeit?
O komme bald, Herr Jesus!

Wir sehnen uns, mit dir zu sein
bei deiner Hochzeitsfreude.
O Jesus, sieh, wir harren dein,
geschmückt in deinem Kleide.
Wir schauen freudig himmelwärts,
und immer lauter ruft das Herz:
O komme bald, Herr Jesus!"

Zwei Worte verwendet Dora Rappard in diesem Lied, die zutiefst adventlichen Charakter tragen: „Wir harren" und „Wir sehnen uns". Beide Begriffe lassen deutlich das Spannungsfeld anklingen, in dem wir als „Menschen im Advent" stehen. Das Harren (Warten) wird durch die Sehnsucht noch verstärkt und zugleich in eine höhere Dimension gehoben! Wie arm wird der Mensch, wenn er keine Sehnsucht kennt! Doch viele Menschen können diese Sehnsucht nicht aushalten. Wo aber das Sehnen verlorengeht, bleibt nur noch die Sucht. Und die hat viele Gesichter! Man wird immer dann süchtig, wenn man sich der Sehnsucht des Herzens nicht stellen will oder kann.

Adventszeit als Fastenzeit? – Durch bewußtes Fasten (sich enthalten) im Advent setzen wir Zeichen. Für uns selbst und für andere. Zeichen dafür, daß wir nicht durch vorzeitige Erfüllung unserer Wünsche, Erwartungen und Vorstellungen die Advents-Sehnsucht aufgeben.

Wir bleiben Menschen der Sehnsucht! Ganz bewußt. Aber erfüllt von der Sehnsucht, schauen wir „freudig himmelwärts, und immer lauter ruft das Herz: O komme bald, Herr Jesus!".

Die ihn aber liebhaben,
sollen sein,
wie die Sonne aufgeht in ihrer Pracht!

Richter 5,31

Ich lag in tiefer Todesnacht,
du warest meine Sonne,
die Sonne, die mir zugebracht
Licht, Leben, Freud und Wonne.
O Sonne, die das werte Licht
des Glaubens in mir zugericht',
wie schön sind deine Strahlen.

Paul Gerhardt (1607-1676)

E*in Leben ist immer so viel wert, wie es sich liebhaben läßt vom Herrn.* *Klaus Eickhoff*

Das sprichwörtliche Novemberwetter – Stürme, Regen, Nebel, Matsch –, das häufig schon im Oktober beginnt und in den Dezember hineinreicht, hat uns diesmal völlig im Stich gelassen. Es scheint ausverkauft zu sein und hat außerdem noch Lieferschwierigkeiten. Seit vielen Tagen genießen wir ein Wetter, wie es schöner nicht sein könnte. Dabei ist heute der 3. Dezember.

Ich bin überwältigt von einem Naturschauspiel, das sich Morgen für Morgen wiederholt. Kurz nach sieben Uhr färbt sich am östlichen Horizont der Himmel. Das tiefdunkle Blau, noch nicht lange aus der Nacht gelöst, verwandelt sich zu einer Glutröte, die langsam zum Goldgelb übergeht.

In meinen Gedanken formen sich die Worte, mit denen in Haydns „Schöpfung" der Sonnenaufgang besungen wird:

„Die Morgenröte bricht hervor; wie Rauch verfliegt das leichte

Gewölk; der Himmel pranget im hellen Azur, der Berge Gipfel in feurigem Gold. Sie steigt herauf, die Sonne, sie steigt. Sie naht, sie kommt. Sie strahlt, sie scheint! – Sie scheint in herrlicher Pracht, in flammender Majestät!"

Welch gewaltiges Erleben! Welch beredte Sprache des Schöpfers! Ich glaube, daß ich mich niemals sattsehen kann an diesem Bild.

Und doch ist es nur ein schwaches Abbild dessen, was der lebendige Herr auf sich bezieht. Die Worte des Weihnachtsliedes von Paul Gerhardt geben dem Erlebnis eine viel stärkere, seine eigentliche Tiefe:

„O Sonne, die das werte Licht des Glaubens in mir zugericht', wie schön sind deine Strahlen!"

*

Licht und Schatten

Wir nennen die Jahreszeit, in der wir uns befinden, manchmal auch die „dunkle Jahreszeit". Immer noch nehmen die Tage ab. Erst am 22. Dezember haben wir den kürzesten Tag und damit auch die längste Nacht erreicht. Dann geht es wieder aufwärts.

Doch diese Zeit ist nicht nur dunkel. Sie ist zugleich eine „helle Zeit". Advent ist eine lichtvolle Zeit. Äußerlich dokumentieren wir das mit dem Kerzenlicht, das immer mehr in unseren Häusern und Stuben aufleuchtet.

Aber nicht nur in diesem Sinne ist die Adventszeit eine lichtvolle Zeit. Die Adventsverheißungen des Alten Testaments bezeugen das.

„Das Volk, das im Finstern wandelt, sieht ein großes Licht ..." – „Mache dich auf, werde licht ..." (Jes. 9,1; 60,1).

Und auch im Weihnachtsgeschehen wissen wir um die lichtvollen Ereignisse: etwa bei den Engeln auf Bethlehems Fluren oder der leuchtende Stern der Weisen.

Gleichzeitig aber macht sich das Dunkel massiv bemerkbar – bis hin zu jener Machtdemonstration der Finsternis, die von Herodes ausgeht.

Wo Licht ist, ist auch Schatten! Das gilt für den realen, naturwissenschaftlichen Bereich: Jede Lichtquelle erzeugt ungewollt auch Schatten. Es gilt aber auch im geistlichen Sinn. Erst in der Herrlichkeit Gottes wird das Licht ohne Schatten sein.

Als Menschen im Advent sind wir auf dem Weg des Lichtes, dem Lichte entgegen. Die Schatten fallen hinter uns. Je näher wir dem Lichte kommen, desto kleiner werden die Schatten. Wir wollen uns aufmachen und in die Gegenwart des Weihnachtslichtes treten!

*

Schatten des Lebens:
Wirkungen des Lichtes!
Wo viel Licht,
ist viel Schatten.
Schattenfrei lebt nur,
wer im Dunkeln tappt.

Schatten des Lebens:
Wirkungen des Lichtes!
Schatten werfen ist Leiden,
erleiden,
ist Hemmung des Lichtes.
Schatten werfen ist passive Aktivität:
Dem Licht im Wege stehen.
Seine Schatten sehen, heißt:
Dem Licht den Rücken kehren.

Vom Licht sich entfernen,
vergrößert die Schatten!
Zum Licht kommen,
den Schatten verringern.
Dem Licht sich aussetzen,
preisgeben, durchlichtet werden.
Transparent für das Licht:
Schatten besiegen – auslichten!
Vom Licht umgeben,
völlig im Lichte stehen,
den Schatten unter den Füßen:
Realität des Glaubens.

Barbara (✝ 306)

Der syrische Purpurhändler Dioskorus, ein harter und grausamer Mann, liebte nächst seinem Reichtum seine Tochter Barbara über alles in der Welt. Ehe er sich auf eine längere Handelsreise begab, ließ er sie in einem Turm einschließen, um sie vor der Bosheit der Menschen und dem Leid der Welt zu schützen.

Das Mädchen empfand seine Haft kaum; denn der Turm barg herrliche Gemächer, und der Vater hatte ihr Lehrer bestellt, die sie in den Wissenschaften und Künsten unterrichten sollten.

Bald stellte sie ihnen die Frage nach dem Ursprung der Welt und allem Geschaffenen, blieb aber von den Antworten unbefriedigt.

Niemand weiß zu sagen, wie trotz Mauern und Gittern das Evangelium den Weg zu ihr gefunden hat. Bald dachte Barbara, wenn sie mit ihren kunstfertigen Händen goldgewirkte Fäden durch weißes Gewebe zog, an das Kleid der Gotteskindschaft, das dem Christen in der Taufe zuteil wird, und begann sich nach dem Bad der Wiedergeburt zu sehnen. Zu den zwei Fenstern ihres Bades ließ sie ein drittes durch die Mauer brechen, damit sie immer, so oft sie ihren Leib ins Wasser tauchte, der reinigenden Flut des Sakraments und des dreieinigen Gottes gedächte.

Nach der Rückkehr von seiner Reise wollte Dioskorus seine Tochter standesgemäß verheiraten, um den Reichtum seines Hauses zu mehren. Mit Verwunderung sah er das neue Fenster im Turm und fragte Barbara nach dessen Sinn und Zweck. Tapfer gestand sie dem zornmütigen Vater, daß Christus ihr Herr geworden sei. In ohnmächtiger Wut sah sich Dioskorus um seine Hoffnungen betrogen. Da der Cäsar Maximinus in jenen Tagen die Verfolgung der Christen angeordnet hatte, lief er selbst zum Richter, seine Tochter mit den Worten anzeigend: „Sie ist eine Christin geworden und hat mir damit große Schmach angetan; peinige sie, damit sie von ihrem Irrtum ablasse."

Furchtbar ist, was die Legende über Barbaras Martyrium berichtet; aber sie rühmt auch ihre Standhaftigkeit in Qualen und Schmerzen angesichts des Todes. Mit dem Schwert wurde Barbara hingerichtet.

Der Kirschzweig, an ihrem Gedächtnistag geschnitten und in den Krug gestellt, blüht am Christtag und kann auf die Tatsache hinweisen, daß die Heiligen ein Lobpreis Christi sind.

(Aus: Jörg Erb, „Geduld und Glaube der Heiligen".)

Niemand weiß mehr genau, welches Jahr die Chronisten der Welt in ihren Büchern verzeichneten, als ein junger Mönch mit Namen *Laurentius* in einem Kloster unweit von Trier lebte. Es mag um das Jahr 1600 gewesen sein. Jenes Kloster erhob sich in stattlicher Höhe über dem Moseltal inmitten einer reichen und fruchtbaren Landschaft.

Laurentius hatte – so wird erzählt – nach dem Willen des Vaters in jungen Jahren die Weihen genommen, war also nun in der Gemeinschaft der Klosterbrüder. Sein gütiges Wesen, die Art, wie er im Gespräch die Worte zu setzen wußte, der Eifer, mit dem er arbeitete, machten ihn bei allen beliebt. Keines anderen Stimme klang beim abendlichen Singen so fröhlich und hell wie die seine.

Nächtelang studierte er alte Schriften und übertrug Teile daraus mit schönen und klaren Lettern in ein selbstgebundenes Buch. Er liebte die Musik und übte sich im Lesen und Niederschreiben von Noten. Nicht selten geschah es, daß er die Orgel spielte, und dann flossen die Melodien so ineinander, daß er manchmal nicht zu unterscheiden wußte, welche davon er selber erdacht und welche er von alten Meistern übernommen hatte.

An einem Weihnachtsmorgen hatte Laurentius früh sein Lager verlassen. Es waren viele Pilger zu erwarten, die jedes Jahr zur Weihnacht ins Kloster kamen, um dort die Christmette zu hören. Laurentius hatte das Pförtneramt inne und hatte dafür zu sorgen, daß die Pforte rechtzeitig geöffnet war.

Aber noch war es dunkel draußen. Keine Menschenseele rührte sich. In der Nacht hatte es unaufhörlich geschneit. Laurentius trat die ersten Spuren in den frischen Schnee, als er den Klostergarten durchquerte, um zur Pforte zu gelangen. Auf dem Rückweg kam Laurentius am Brunnen vorüber. Er beugte sich über dessen Rand, um dem rieselnden Laut des Wassers zu lauschen. Da fiel sein Blick unversehens auf einen Rosenstrauch zu Füßen der Brunnenmauer. Was er plötzlich sah, ließ ihn für eine Weile vor Freude und Erstaunen den Atem verhalten. Zwischen den kahlen, froststarrenden Zweigen des Strauches wuchs ein grünes Reis auf, und an seinem Ende erblühte in makelloser Schönheit eine Rose.

Erstaunt und dann tief ergriffen stammelte Laurentius: „Seltsam, eine blühende Rose mitten im kalten Winter!“ Er brach sie behutsam und sog ihren Duft ein. Da wurde er gewahr, daß sich die ersten Pilger näherten. Er verließ den Platz seines Wunders und ging zu den Brüdern, die schon in der Kapelle auf ihn warteten. Dort legte er, von niemandem bemerkt, die Rose unter das Bild der Mutter Jesu. Und wieder geschah für ihn ein Wunder. Es war für ihn kein Zufall, daß gerade in diesem Augenblick, wo er still anbetend mit den anderen sich für den Weihnachtsgottesdienst vorbereitete, der Priester diese Schriftworte las:

„Es wird ein Reis aufsprossen vom Stamme Jesses und ein Zweig aus seiner Wurzel Frucht bringen“ (Jesaja 11,1).

Laurentius fühlte, daß er von einem großen Glück durchflutet wurde. Ja, er war ausgezeichnet worden vor allen anderen. Er hatte diese Weihnachtsbotschaft mit eigenen Augen gesehen, gleichsam ein Zeichen und darauf deutend: Christ der Retter in dem Kinde von Bethlehem – unbegreiflich –, ein Wunder vor unseren Augen.

Die Christmette war vorüber. Die Pilger begannen sich zu zerstreuen. Es war inzwischen Tag geworden. Das Licht drang mit matten Farben durch die Fenster der Kapelle. In Gedanken schritt Laurentius vom Chorgestühl zur kleinen Empore hoch. Und während er ging, sprach er Worte vor sich hin, die unablässig aus seinem Inneren aufstiegen. Die Worte fügten sich zu Zeilen, die Zeilen verbanden sich zu Versen: „Es ist ein Ros entsprungen aus einer Wurzel zart …“

Er ließ sich auf der Orgelbank nieder. Der Orgelbube wollte gerade gehen, und nun bat er ihn, noch einmal die Bälge zu treten. Und dann spielte und sang der Mönch das neugeborene Lied. Einige Pilger, darunter eine Schar Kinder, kehrten in die Kapelle zurück und lauschten der wunderbaren, nie gehörten Weise. Da

Laurentius sie einige Male wiederholte, ging sie jedem so schnell ein, daß er sie bald mühelos mitsingen konnte. In dieser Stunde also trat das Lied in die Welt, das von dem Wunder singt, das in alle Finsternis hineinleuchtet; das uns hilft „aus allem Leide, rettet von Sünd und Tod“.

*

Nacht oder Licht?

Aus der Nacht kommend,
in die Nacht gehend:
dennoch angezogen vom Licht!
Von Nacht umgeben,
die Nacht suchend:
dennoch das Licht ersehnen!
Die Nacht kennen,
ihren Schutz beanspruchen
und dennoch das Licht aufsuchen:
Nikodemus!

Sein Gang in die Nacht
ist bereits Anbruch der Morgendämmerung,
sind Schritte zum neuen Tag.
Er schreitet in die Nacht,
um ans Licht zu kommen.
Es gibt auch jene unheimliche Umkehrung:
Man kann in die Nacht schreiten,
um vom Licht wegzukommen.
Judas ging diesen Weg!
Nikodemus und Judas:
zwei Menschen um Jesus,
zwei Menschen in Nacht und Licht.
Sehnsucht aus Nacht zum Licht:
Nikodemus.
Flucht aus Licht in die Nacht:
Judas.

Ein Weg, der in Nacht beginnt
und im Licht endet.
Ein Weg, der im Licht beginnt
und in der Nacht endet.
Nikodemus und Judas:
zwei Möglichkeiten, die jedem offenstehen.
Zu beiden Wegen braucht es den ersten Schritt.
Jeder Gedanke, jedes Wort, jeder Schritt
kann „erster Schritt" sein.
In welche Richtung führt mein nächster Schritt?

2. Das Röslein, das ich meine, davon Jesaja sagt, hat uns gebracht alleine / Marie, die reine Magd: aus Gottes ewgem Rat / hat sie ein Kind geboren / wohl zu der halben Nacht.

3. Das Blümelein so kleine, das duftet uns so süß, mit seinem hellen Scheine / vertreibt's die Finsternis. Wahr'r Mensch und wahrer Gott, hilft uns aus allen Leiden, rettet von Sünd und Tod.

Denn es ist erschienen
die heilsame Gnade Gottes
allen Menschen.

Titus 2,11

Noch manche Nacht wird fallen
auf Menschenleid und -schuld.
Doch wandert nun mit allen
der Stern der Gotteshuld.
Beglänzt von seinem Lichte,
hält euch kein Dunkel mehr.
Von Gottes Angesichte
kam euch die Rettung her.

Jochen Klepper (1903-1942)

Aus aller Schuld kann Gnade werden.
Vielleicht ist deshalb so viel Schuld in der Welt? *Reinhold Schneider*

Noch heute kennen wir in der Umgangssprache die Redewendung: „nicht zu Gnaden kommen". Gemeint ist, daß ein Mensch, der am Ende, in Schwierigkeiten ist, einfach nicht davon wegkommt. Er kann sich nicht fangen, wie man sagt. Er kommt nicht mit sich zurecht.

Ich blättere im etymologischen Wörterbuch (ein Wörterbuch, das über den Ursprung der Wörter unterrichtet) und lese dort, daß Gnade ursprünglich im Sinne von Ruhe – Behagen – Freude – Gunst – helfender Geneigtheit gebraucht wurde. Er kommt nicht zu Gnaden! Das heißt also: Er kommt nicht zur Ruhe, zur Freude, zum Behagen. Es ist ihm unbehaglich. Niemand ist ihm „helfend geneigt, zugeneigt".

Vielleicht kennen wir Menschen, auf die das ganz besonders zutrifft. Aber – trifft es nicht auf uns alle zu? Sind wir „von Hause aus“ nicht alle Leute, die „nicht zu Gnaden kommen“? Es fehlt die Ruhe – die innere Ruhe und Gelassenheit. Wir werden ewig umgetrieben.

Wir brauchen dringend jemanden, der uns zur Ruhe bringt, der sich helfend herabneigt zu uns. Das aber ist die frohe Nachricht von Weihnachten: „Die Gnade ist erschienen!“ (Tit. 2,11).

„Von Gottes Angesichte kam euch die Rettung her.“

Und diese Rettung, diese Gnade heißt Jesus!

Backrezepte für die Advents- und Weihnachtszeit

Christstollen aus Hefeteig

500 g Mehl
1 Würfel Hefe (40 g)
knapp 1/4 l lauwarme Milch
50-80 g Zucker
80-100 g Margarine
1 Prise Salz
1 Ei
abgeriebene Schale von 1 Zitrone
Zimt
Lebkuchengewürz o.ä.
125 g Rosinen
125 g Korinthen
50 g Zitronat
evtl. Marzipan
50 g Puderzucker zum Bestreuen

Die Hefe muß frisch und alle anderen Zutaten handwarm sein.
Das Mehl in eine nicht zu kleine Schüssel sieben. In die Mitte eine Vertiefung drücken, Hefe hineinbröckeln, mit etwas Zucker bestreuen. Mit einigen Löffeln lauwarmer Milch verrühren – etwas Mehl vom Mehlrand dazunehmen. Man kann auch in einem kleinen Topf die zerbröckelte Hefe mit Zukker und lauwarmer Milch verrühren und in die Vertiefung gießen und mit etwas Mehl verrühren.
Die Schüssel mit einem sauberen Tuch zudecken und an einen warmen Ort stellen. Den Teig vor Hitze (besonders von unten) und vor Zugluft schützen. Sobald sich in dem Hefestück kleine Bläschen bilden (nach etwa 10-15 Minuten), den Teig weiterverarbeiten. Nach und nach die übrigen Zutaten unter das Mehl geben – die Butter in weichem oder flüssigem Zustand, aber nicht heiß. Den Teig schlagen, bis er Blasen wirft und sich von der Schüssel löst. Den Teig wieder mit einem Tuch bedecken und an einem warmen Ort gehen lassen, bis er etwa doppeltes Volumen hat. Danach einen Stollen formen: Teig ausrollen und von zwei Seiten aus übereinanderschlagen. In die Mitte evtl. einen Strang Marzipan einrollen. Geformt auf dem gefetteten Blech nochmals etwa 20 Minuten gehen lassen. Dann bei Mittelhitze in der vorgeheizten Röhre backen. Nach dem Backen mit Puderzucker bestreuen.

Vanillebrezeln

250 g Mehl
1 Prise Salz
125 g Zucker
1 Vanillestange
1 Ei
125 g Butter oder Margarine
Mehl zum Ausformen
Fett für die Bleche
200 g Puderzucker
1 Eiweiß
1-2 EL Arrak

Ausreichend für ca. 750 g Gebäck

Das Mehl mit dem Salz auf eine Tischplatte geben. Den Zucker und das Mark der Vanilleschote daruntermischen. In die Mitte das Ei schlagen. Die Butter oder Margarine in Flöckchen auf dem Mehlrand verteilen. Alle Zutaten zunächst mit einem Messer kleinhacken, dann rasch zum glatten Teig zusammenkneten. Kühl stellen.

Portionsweise zu kleinen, einfach oder doppelt verschlungenen Brezelchen ausformen. Auf gefetteten Backblechen auf der obersten Schiene in jeweils 12 bis 15 Minuten im vorgeheizten Backofen (200 Grad) backen.

Aus Puderzucker, Eiweiß und Arrak einen nicht zu dicken Guß rühren, die Oberseite der Brezeln hineintunken oder bestreichen, dann die Plätzchen gut trocknen lassen.

Würzige Mandelsterne

250 g Mandeln
125 g dunkler Honig
125 g Zucker
100 g Margarine
250 g Mehl
2 gestr. TL Backpulver
1/2 TL Zimt
je 1 Msp Nelkenpfeffer (Piment)
Kardamom
Muskat und Zitronenschale
Mehl zum Ausrollen
1 EL Eiweiß oder Dosenmilch
Fett für die Bleche
Ausreichend für ca. 750 g Gebäck

Die Hälfte der Mandeln mit Schale reiben, die zweite Hälfte schälen und halbieren. Honig mit Zucker und Margarine im Topf auflösen und wieder etwas abkühlen lassen. Das Mehl mit Backpulver und Gewürzen mischen, dazu die geriebenen Mandeln und die Honigmasse geben. Das Ganze zu einem geschmeidigen Teig verkneten. Portionsweise auf bemehlter Unterlage ca. 4 mm dick ausrollen. Sterne ausstechen. Die halbierten Mandeln mit der Unterseite in Eiweiß oder Dosenmilch tunken, auf die Mitte der Sterne legen.

Auf gefetteten Backblechen auf der obersten Schiene im vorgeheizten Backofen (200 Grad) 12 bis 15 Minuten backen.

Die Mandelsterne schmecken am besten, wenn sie vor dem Verzehr einige Zeit lagern.

Nikolaustag

Wer da kärglich sät,
der wird auch kärglich ernten;
und wer da sät im Segen,
der wird auch ernten im Segen.
Gott aber kann machen,
daß alle Gnade unter euch reichlich sei,
damit ihr in allen Dingen
allezeit volle Genüge habt
und noch reich seid
zu jedem guten Werk.

2. Korinther 9,6.8

Der König will bedenken, die, so er herzlich liebt,
mit köstlichen Geschenken, als der sich selbst uns gibt
in seinem Gnadenwort. Ja, König, hoch erhoben,
wir alle wollen loben dich freudig hier und dort.

Georg Weissel (1590-1635)

Die kleinen Taten verändern die Welt. Was der Sekundenzeiger leistet, macht den Wert der Stunde aus. Und die Zahlen hinter dem Komma werden in der Endabrechnung nicht vergessen. *Rudolf Otto Wiemer*

Das Wort von den „guten Werken“ hat in der evangelischen Welt keine gute Presse. Da liegt der Nachdruck auf dem „aus Gnaden“. An dieser reformatorischen Botschaft wollen wir auch nicht rütteln. Es bleibt dabei, daß der Mensch „gerecht werde ohne des Gesetzes Werke; allein durch den Glauben“.

Aber an manchen Orten hat man das Kind mit dem Bade ausgeschüttet. Das Neue Testament kennt es nicht: dieses Entweder-Oder. Beides hat seine Berechtigung. Die Reihenfolge ist wichtig. Wenn der Apostel Jakobus die scheinbar antipaulinische Aussage macht: „Der Glaube ohne Werke ist tot“, dann kommt es eben auch da auf die Reihenfolge an; und die ist in Offenbarung 14,13 festgelegt: „... ihre Werke folgen ihnen nach“.

Wenn wir heute den Nikolaustag feiern, dann denken wir an einen Mann, dessen Leben reich war an guten Werken; Werke des Glaubens und der Liebe. Die Legende zeichnet uns das Bild eines Mannes, der in hingebender Liebe, aus dem Glauben heraus, Werke der Barmherzigkeit tat.

Natürlich geht es weniger um diese theologischen Überlegungen, wenn wir uns über die Äpfel, Nuß und Mandelkern freuen, die der Nikolaus – oder wie er in der Schweiz heißt: der Samichlaus – uns in die Stiefel legt. Aber ein Nachdenken über die Nikolaus-Legenden – und vor allem über die Motive seines unermüdlichen Schenkens und Helfens – wäre sicherlich nicht fehl am Platze.

Weil es verschiedene Nikolaus-Legenden gibt, erzählen wir gleich zwei Varianten:

*

Nikolaus († um 350)

Aus dem Dunkel der Winternacht tritt Nikolaus, der Bischof, in die Kinderstube wie ein Bote des Himmels, der in die verborgenen Falten des Herzens sieht und mit göttlicher Vollmacht lohnt und straft nach Verdienst. Er ist ein Mann der Liebe, der nicht das Seine sucht, sondern den Armen hilft um Christi willen. So ist er ein Vorläufer des Christkindes, der die Herzen bereiten will für den, der selber die Liebe ist.

Obgleich die Historie nicht viel aus seinem Leben berichten kann, überstrahlt er in der Ostkirche alle Heiligen, und sein Bild fehlt in keiner Ikonenwand. Durch die Heirat Ottos II. mit Theophano, der griechischen Kaiserstochter, wurde seine Verehrung auch im Abendland heimisch, wie die zahlreichen Nikolauskirchen im Süden und die Nicolaikirchen im Norden bezeugen.

Nikolaus wurde geboren in Patara an der Südostecke Kleinasiens und wurde im christlichen Glauben erzogen. Seine Eltern hinterließen ihm ein beträchtliches Vermögen; er aber sah es als ein von Gott geliehenes Gut an und teilte davon mit vollen Händen aus. Immer half er im Verborgenen, und den Beschenkten blieb nur übrig, das Opfer ihres Dankes an den Stufen des Altars darzubringen. Seine Freude war vollkommen, wenn Gott gepriesen wurde.

Von seiner helfenden Liebe weiß die Legende viele Einzelheiten zu berichten; sie legt ihm das Wort in den Mund: „Du sollst nicht nur für dich, sondern auch für deine Mitmenschen leben; denn wer für die andern lebt, der lebt in Wahrheit für sich selbst."

Die Liebe zu seinem Erlöser führte ihn ins heilige Land; dort lebte er als Einsiedler und war ein Trost der Bekümmerten und ein Freund der Kinder. Doch empfing er bald die Weisung: „Hier ist nicht der Acker, auf dem du Frucht tragen sollst; kehre in dein voriges Leben zurück, damit ich durch dich verherrlicht werde."

Als Bischof von Myra trat er schirmend und schützend vor seine Gemeinde und ging um seines Glaubens willen in den Kerker. Er verkündigte Christus in Freiheit und Banden, in Ehre und Schmach und wurde als ein treuer Diener Gottes erfunden. Kaiser Konstantin gab ihn seiner Gemeinde zurück. Es wird auch berichtet, er habe am Konzil von Nicäa teilgenommen, woselbst „Christus durch ihn des Arius Hochmut und Anmaßung niederwarf".
(Aus: Jörg Erb, „Geduld und Glaube der Heiligen".)

Knecht Ruprecht

Von drauß vom Walde komm' ich her!
Ich muß euch sagen, es weihnachtet sehr!
Allüberall auf den Tannenspitzen
Sah ich goldene Lichtlein sitzen;
Und droben aus dem Himmelstor
Sah mit großen Augen das Christkind hervor.
Und wie ich so strolcht' durch den finsteren Tann,
Da rief's mich mit heller Stimme an:

„Knecht Ruprecht“, rief es, „alter Gesell,
Hebe die Beine und spute dich schnell!
Die Kerzen fangen zu brennen an,
Das Himmelstor ist aufgetan,
Alt' und Junge sollen nun
Von der Jagd des Lebens einmal ruhn;
Und morgen flieg' ich hinab zur Erden,
Denn es soll wieder Weihnachten werden!“

Ich sprach: „O lieber Herre Christ,
Meine Reise fast zu Ende ist;
Ich soll nur noch in diese Stadt,
Wo's eitel gute Kinder hat.“ –
„Hast denn das Säcklein auch bei dir?“
Ich sprach: „Das Säcklein, das ist hier;
Denn Äpfel, Nuß und Mandelkern
Essen fromme Kinder gern.“ –
„Hast denn die Rute auch bei dir?“
Ich sprach: „Die Rute, die ist hier;
Doch für die Kinder nur, die schlechten,
Die trifft sie auf den Teil, den rechten.“
Christkindlein sprach: „So ist es recht;
So geh mit Gott, mein treuer Knecht!“
Von drauß vom Walde komm' ich her;
Ich muß euch sagen, es weihnachtet sehr!
Nun sprecht, wie ich's hierinnen find'!
Sind's gute Kind, sind's böse Kind?

Theodor Storm

*

Nikolaus und die Spekulatien

Es war vor 1600 Jahren. Entsetzen lag über der kleinasiatischen Stadt Myra. Eine Hungersnot von nie geahntem Ausmaß suchte das ganze Land heim. Erst erlagen die Armen dem Hunger, dann saß er triumphierend an jedem Tisch. Taumelnd wankten die Menschen durch die Straßen.

Täglich wurde die Zahl der Elendsgestalten größer, die Hilfe bei dem Bischof Nikolaus suchten. Hatte dieser nicht schon so manche Not gewendet, war er nicht immer der Wohltäter der Armen gewesen? Überall kannte man die Geschichte von den drei armen Schwestern, die nicht heiraten konnten, weil ihnen das Geld zu der notwendigsten Aussteuer fehlte. Da waren an einem dunklen Abend drei Beutel voll Geld durch das offene Fenster geflogen, und so hatte die Not ein Ende gefunden. Jedermann aber in Myra wußte, von wem die Geldbeutel stammten. Es war ja allmählich bekannt geworden, daß so manchen Abend der Bischof Nikolaus in einem dicken Schiffermantel vermummt durch die Straßen ging. Er sah die Kinder auf der Straße spielen, er schaute durch die offenen Fenster in die Häuser hinein. Auf allen seinen Wegen folgte ihm sein Knecht Ruprecht. Den sandte Nikolaus dann oft am nächsten Tage wieder aus: Er mußte den Kindern, welche das Wohlgefallen des Bischofs erregt hatten, kleine Geschenke, den Notleidenden wirksame Hilfe bringen. Aber Knecht Ruprecht erschien auch, um die unartigen Kinder und die bösen Menschen vor den Bischof vorzuladen. Keine heimliche Not blieb dem Bischof Nikolaus verborgen, immer fand er einen Weg der Hilfe. War es nun nicht schon so, daß selbst die rauhen Seeleute seinen Namen schrien, wenn ihr Schiff in Seenot geriet?

Auch jetzt war Bischof Nikolaus die letzte Hoffnung der Verhungernden. An jedem neuen, hoffnungslosen Morgen bot sich nun das gleiche Bild: Der Bischof begrüßte vor der Kathedrale die Menge: „Seid getrost, bald müssen ägyptische Getreideschiffe in den Hafen einlaufen, sie sind lange unterwegs. Wir wollen Gott bitten, daß er sie bald zu uns sende." Und dann ging der Bischof dem Volke voran in die Kirche, warf sich vor dem Altar nieder und flehte unablässig: „Schone, Herr, schone Deines Volkes! Gib uns heute unser täglich Brot!"

Tag um Tag verging, bis endlich eines Morgens plötzlich ein Rufen durch die Stadt anhub: „Die Schiffe! Die Schiffe!" Der Bischof erhebt sich und mit ihm drängt sich das Volk in den Hafen. Ja, sie kommen, deutlicher werden die Segel. Ein tausendstimmiges Freudengeschrei bricht auf, nur der Bischof bleibt ernst. Er deutet auf das Meer hinaus und sagt: „Sie sind noch nicht im Hafen."

Da, was ist das? Von Norden tauchen schnelle Schiffe auf, sie schieben sich wie eine Kette vor den Hafen, und nun erkennt man die Boote der gefürchteten Seeräuber. Stummes Entsetzen packt die Menschen, jetzt ist alles vorbei. Da legt auch schon ein Ruderboot an, ein paar wilde, verwegene Gestalten, springen an Land. Hart ist ihr Gebot: „Wenn ihr am Leben bleiben wollt, wenn die Getreideschiffe in den Hafen sollen, so füllt unser Boot mit Gold."

Erstarrt steht das Volk. Langsam setzen sich die Menschen in Bewegung, und dann bringen sie ihre letzten Schätze herbei. Doch die Goldmünzen und Ringe versickern im Schiff, es wird nicht voll. Die Unglücklichen opfern ihren letzten Schmuck, aber es reicht nicht, um das Boot zu füllen. Vergebens bitten die Mütter um Erbarmen, vergebens halten sie ihre hungernden Kinder empor.

Ein neues Boot legt an. Der Befehlshaber der Räuberflotte besichtigt die Beute. Der Ton der Hölle scheint in seiner Stimme zu klingen, als er anhebt: „Ich gebe euch noch eine Stunde Zeit! Für jedes fehlende Pfund Gold gebt ihr ein Kind, das wir als Sklaven verkaufen!" „Niemals!" weinen die Mütter. Aber bald werden Stimmen laut: „Sollen wir alle verhungern? Ist es nicht besser, die Kinder leben in der Fremde, und wir sind gerettet?"

„Alle Kinder zum Hafen!", so gellt bald der Ruf zur Stadt. Einer belauert den anderen, daß niemand sein Kind verberge. Wie das Vieh werden die Kleinen zusammengetrieben, und mitleidlos beginnen die Räuber die Musterung. Schon werden die ersten in die Boote gezerrt, da erscheint der Bischof mit seinen Diakonen. In ihren Händen tragen sie kostbares Kirchengerät, das hätte in der festen Kathedrale gegen jeden Angriff verteidigt werden können. Nun aber übergibt Bischof Nikolaus die Kleinodien den Seeräubern. Die Kinder kommen frei, die Seeräuber segeln von dannen, und die Getreideschiffe können einfahren. Die Kinder und das ganze Volk sind gerettet. –

So erzählt eine alte Legende. Bischof Nikolaus wurde aber der Heilige der Kinder. Sein Gedächtnis lebte im Volke fort, und sein Todestag, der 6. Dezember, ward in aller Welt zum Nikolaustag. Da kommt der Nikolaus als Freudenspender zu den Kindern.

Dem großen Wohltäter zu Ehren ward bald ein besonderes Gebäck gebacken: die Spekulatien. Der merkwürdige Name dieser Plätzchen kommt von dem lateinischen Bischofstitel der alten Zeit: Spekulatius, d.h. Aufseher, wurde der Bischof genannt. Auf jenen kleinen Kuchen wurde die ganze Geschiche vom Bischof Nikolaus dargestellt; das ist der Ursprung der heute so mannigfachen Formen der Spekulatien.

(Aus: Otto Schlißke, „Apfel, Nuß und Mandelkern".)

Machet die Tore weit
und die Türen in der Welt hoch,
daß der König der Ehre einziehe!
Wer ist der König der Ehre?
Es ist der Herr, stark und mächtig,
der Herr, mächtig im Streit.

Psalm 24,7.8

Macht hoch die Tür, die Tor macht weit,
es kommt der Herr der Herrlichkeit,
ein König aller Königreich,
ein Heiland aller Welt zugleich,
der Heil und Leben mit sich bringt;
derhalben jauchzt, mit Freuden singt:
Gelobet sei mein Gott,
mein Schöpfer reich von Rat.

Georg Weissel (1590-1635)

In der Grotte von Bethlehem ist Raum genug für jeden, der sich zu bücken weiß.

Wohl alle Israelbesucher werden, wenn sie nach Bethlehem kommen, mit Erstaunen und Verwunderung vor dem „Haupteingang" der Geburtskirche stehen. An Stelle eines stattlichen Portals findet man nur eine schmale, niedrige Öffnung. Auch kleine Leute müssen sich hier bücken. Man sagt, die Pforte sei auf diese Ausmaße zugemauert worden, damit Soldaten nicht auf ihren Pferden in die Kirche hineinreiten konnten. Das mag stimmen.

Viele Menschen scheinen auch den Zugang zu ihrem Herzen auf ein Mindestmaß zugemauert zu haben, damit der Herr der Welt nicht einziehen kann. Sie fürchten sich vor den Konsequenzen, die es hat, wenn der „König der Ehren“ Einzug hält. Dabei übersehen sie, daß er „Heil und Leben mit sich bringt“.

Doch der Gott, der in Jesus Christus so klein wurde, daß er durch eine Krippe in diese Welt kam, findet Zugang auch durch die kleinste Öffnung. Er verschafft sich aber diesen Zugang nicht gewaltsam.

Ich möchte sein Herold sein und allen zurufen: „Machet die Tore weit, daß der König der Ehren einziehe!“

*

Jetzt fangen wir zum Singen an

Keine Zeit des Jahres ist so voll von Musik und Liedern wie die Weihnachtszeit. Überall singt und klingt es, in Kirchen und Gemeinden, in Familien und Schulen, in Konzertsälen, Kaufhäusern und auf den Straßen. Das, was sich begab zu der Zeit, da ein Gebot von dem Kaiser Augustus ausging, scheint dazu angetan zu sein, davon zu singen – mehr als zu sagen. Wem von der Weihnachtsfreude das Herz voll ist, dem gehen der Mund und die Kehle über.

Das war schon so am ersten Christfest. Als sich der Verkündigungsengel von Maria verabschiedet hatte, stimmte sie ihr Magnifikat an: „Meine Seele erhebet den Herrn, und mein Geist freuet sich Gottes, meines Heilandes.“ Zacharias singt bei der Geburt seines Sohnes Johannes des Täufers das Benedictus: „Gelobet sei der Herr, der Gott Israels, denn er hat besucht und erlöset sein Volk.“ Über den Feldern von Bethlehem intoniert der Chorus der himmlischen Heerscharen das Gloria in excelsis: „Ehre sei Gott in der Höhe und Friede auf Erden und den Menschen ein Wohlgefallen.“ Als der greise Simeon im Tempel von Jerusalem das Jesuskind in den Armen hält, singt er das Nunc dimittis: „Herr, nun lässest du deinen Diener in Frieden fahren, denn meine Augen haben deinen Heiland gesehen.“

So klingt es weiter durch die Jahrhunderte bis zum heutigen Tag. Komponisten aus aller Herren Länder wurden von Weihnachten inspiriert zu Oratorien und Kantaten, zu Chorälen und Volksliedern, auf Hochdeutsch und in Mundart. Sie alle legen auf ihre Art und Weise die Weihnachtsgeschichte aus. Sie besingen das Kind in der Krippe und erzählen, was sie mit ihm erlebt haben. Unsere Lieder sind ein Echo auf das Gloria der Engel und zugleich ein Präludium vitae aeternae, ein Vorspiel des ewigen Lebens mit dem Konzert der musizierenden Engel. Lobeshymnen sind sie für den, der am ersten Advent den Boden unserer Welt betreten hat und den wir zu seinem zweiten Advent erwarten.

Nun singet und seid froh

Es wäre mein Weihnachtswunsch, daß alte und neue Lieder wieder mehr gesungen würden. Sie scheinen oft nur noch mit gedämpften, schwachen Stimmen zu erklingen oder auch ganz verstummt zu sein. Für unsere junge Generation, für die Erwachsenen von morgen also, ist das weihnachtliche Lied keineswegs mehr inwendiger und auswendiger Besitz. Gewiß hören wir weihnachtliche Musik in exzellenter Qualität aus dem Radio und im Fernsehen. Es gibt herrliche Schallplatten und Cassetten. Nichts dagegen, aber alles dafür, daß wir auch unsere eigenen Stimmbänder gebrauchen und wenigstens mitsummen. Und wenn einer unmusikalisch sein sollte – Gott ist auch mit Brummern zufrieden, wenn sie nur von Herzen brummen! Als Karl-Heinrich Waggerl die Familientragödie schilderte, die sich alle Jahre wieder am Heiligen Abend während des Singens bei ihm zu Hause abspielte, meinte er, Gott schaue den Seinen nicht aufs Maul, sondern ins Herz! Im Himmel kann es ja dann besser werden!

Übrigens sollte niemand die theologische oder musikalische Stirn runzeln über manche Lieder, die angeblich zu billig, zu kitschig und für den Glauben nicht gut genug seien. Das Lied von der stillen, heiligen Nacht mußte sich herbe Kritik gefallen lassen. Wenn aber manche Mitmenschen von Weihnachten nichts anderes geblieben ist als dieses Lied, dann sollten Besserwisser es ihnen nicht wegnehmen.

Freude in allem Leide

Wenn einer meint, er habe keinen Grund zum Singen, weil ihm die Kehle abgeschnürt sei angesichts persönlichen Leides und aller

Nöte dieser Welt – wir haben dennoch Anlaß zu singen. Maria war seinerzeit in zwielichtiges Gerede geraten. Dennoch oder gerade deshalb freut sie sich Gottes, ihres Heilandes. Über dem Hirtenfeld von Bethlehem war es dunkel. Aber dennoch leuchtete über den rauhen Gesellen, den Außenseitern der damaligen Gesellschaft, die Klarheit des Herrn, der ihnen große Freude widerfahren läßt. Paul Gerhardt hat seine schönsten und innigsten Weihnachtslieder gedichtet in den Zeiten schwerster Bedrängnis während des Dreißigjährigen Krieges. Jochen Klepper hat in dunkler Zeit geschrieben:

„Die Nacht ist vorgedrungen,
der Tag ist nicht mehr fern.
So sei nun Lob gesungen
dem hellen Morgenstern."

Nie sind in der Geschichte der Kirche die Lobgesänge in der Nacht verstummt.

Es soll gewiß nichts verharmlost werden. Aber dennoch: Singend, lobend und dankend lenken wir uns ab von dem, was ist, auf das, was Gott getan hat, tut und noch tun wird. „Welt ging verloren" – singen wir in der fröhlichen, seligen, gnadenbringenden Weihnachtszeit. Aber wir singen weiter „Christ ist geboren, freue dich, o Christenheit".

Die Barbarazweige mögen zum Gleichnis werden. Am 4. Dezember, dem Gedenktag der Märtyrerin Barbara, werden hier und da Zweige ins Wasser gestellt, trocken und kahl noch. Am 24. Dezember haben sich Blätter und Blüten geöffnet, frisch und lebendig mitten im kalten Winter, wohl zu der halben Nacht. Dennoch also: „Jetzt fangen wir zum Singen an!"
(Aus: Theodor Glaser, „Fröhliche Weihnachten".)

Backrezepte für die Advents- und Weihnachtszeit

Anisplätzchen

5 Eier
500 g Puderzucker
1 EL Kirschwasser
1 1/2 EL Anispulver
1 Msp Salz
500 g Mehl
etwas Mehl zum Ausrollen und Bestäuben
Butter oder Margarine zum Einfetten

Eier aufschlagen und in eine Schüssel geben. Mit dem Puderzucker schaumig schlagen. Kirschwasser, Anispulver und Salz unterrühren. Nach und nach Mehl hinzufügen und das Ganze zu einem geschmeidigen Teig verarbeiten. Teig auf einer bemehlten Arbeitsfläche ca. 2 cm dick ausrollen.
Teigmodel aus Holz innen dünn mit Mehl ausstreuen; überschüssiges Mehl wieder abschütteln. Model fest in den Teig drücken und anschließend mit dem Teigrädchen ausradeln (es gibt übrigens Nudelhölzer mit rundum eingeschnitzen Model-Motiven für die „Serienproduktion").
Backblech mit Butter oder Margarine einpinseln. Darauf die ausgeradelten Teigstücke mindestens 24 Stunden ruhen lassen. Zum Backen den Ofen auf 150 bis 175 Grad vorheizen. Blech auf die untere Schiene. Backzeit 15 bis 20 Minuten (die Plätzchen sollen weiß bleiben). Am besten die fertigen Plätzchen mindestens 4 Wochen in einer gut schließenden Blechdose kühl lagern.

Spitzbuben

300 g Mehl
1 Prise Salz
100 g Zucker
1 Ei
1/4 Vanillestange oder feingeriebene Schale von

Mehl und Salz mischen. In eine Mulde Zukker und Ei geben, außerdem entweder das Mark der Vanillestange oder feingeriebene Zitronenschale. Das kalte Fett in Flöckchen auf dem Mehlrand verteilen. Alle Zutaten mit einem Messer verhacken, dann rasch mit

1/2 ungespritzen Zitrone
200 g Butter oder Margarine
Mehl zum Ausrollen
Fett für die Bleche
1/2 Glas Johannisbeergelee
3 EL Puderzucker

Ausreichend für ca. 750 g Gebäck

kühlen Händen zum glatten Teig verkneten. Vor dem Ausformen möglichst 30 Minuten kühl stellen. Portionsweise auf bemehlter Unterlage 3 mm dick ausrollen. Gleiche Anzahl runder Plätzchen und ebensogroßer Ringe ausstechen.
Auf gefetteten Backblechen auf der obersten Schiene im vorgeheizten Backofen (180 Grad) nicht zu dunkel backen. Besonders die Ringe neigen dazu, allzu schnell dunkel zu werden!
Die Plätzchen anschließend mit Johannisbeergelee bestreichen. Die Ringe auf Pergamentpapier legen und mit Puderzucker überstäuben. Jeweils einen weißen Ring auf ein rotes Plätzchen setzen.

Walnußmakronen

150 g Walnußkerne
4 Eiweiß
140 g Puderzucker
Oblaten ca. 5 cm Durchmesser
oder Backpapier

Ausreichend für ca. 400 g Gebäck

Die Walnüsse zunächst für 5 Minuten in den heißen Backofen geben, so daß sie leicht angeröstet sind, dann grob zerkleinern, keinesfalls reiben. Eiweiß und Puderzucker in eine Schüssel geben, im Wasserbad mit Hilfe des Quirls klebrig schlagen. Dabei das Wasser im Topf unter der Schüssel fortwährend leicht erhitzen. Die Schüssel herausnehmen, die Eiweißmasse eine Stunde kühl stehen lassen.
Vorsichtig die Nüsse unter die Masse heben. Mit einem Teelöffel auf ein mit Oblaten oder Backpapier belegtem Backblech walnußgroße Häufchen setzen.
Bei sehr milder Hitze (125 Grad) in 25 Minuten mehr trocknen als backen, evtl. Backofentür fingerbreit geöffnet lassen. Makronen sollten innen noch leicht feucht sein, wenn sie aus dem Ofen genommen werden. Auf einem Rost auskühlen lassen.

2. Advent

Mache dich auf, werde licht;
denn dein Licht kommt,
und die Herrlichkeit des Herrn geht auf über dir.
Denn siehe, Finsternis bedeckt das Erdreich
und Dunkel die Völker;
aber über dir geht auf der Herr,
und seine Herrlichkeit erscheint über dir.

Jesaja 60,1.2

O Heiland, stille mein Verlangen
mit deines Kommens Seligkeit.
Voll Demut will ich dich empfangen,
mein Herz und Seele sind bereit,
mein Denken, Herr, und all mein Sinnen
ganz deinem teuren Dienst zu weihn.
O laß mich deinen Trost gewinnen,
o Jesu, ziehe bei mir ein!

Heinrich Elmenhorst (1632-1704)

Es ist unmöglich, daß ein Mensch in die Sonne schaut, ohne daß sein Angesicht hell wird.

Friedrich von Bodelschwingh

Ich erinnere mich, wie ich einmal mit einer Gruppe junger Leute eine Nachtwanderung auf den Rogers de Naye bei Montreux unternahm. Wir wollten auf dem Gipfel den Sonnenaufgang erleben. Durch das Dunkel der frühen Morgenstunden stiegen wir empor in

Erwartung des überwältigenden Naturereignisses. Um es ja nicht zu verpassen, steigerten wir unser Tempo und setzten alle unsere Kräfte ein. Erschöpft – und natürlich auch zu früh – erreichten wir den Gipfel. Nun warteten wir also auf die Sonne – und froren!

Ringsum die Bergwelt noch im Dunkel, nur ein blasser Streifen Helle am Horizont. Menschen und Natur erstarrt in Kälte und Dunkel. Aber dann – für uns Wartende dauerte es eine Ewigkeit – kam sie! Als dunkelrote Kugel schob sie sich am Horizont hinter den Berggipfeln herauf. Nun ging es rasch. In wenigen Minuten war sie in ihrer ganzen Majestät zu sehen. Ein Staunen ging durch unsere Reihen.

Aber was mich am meisten beeindruckte: Die Gesichter der jungen Leute – alle auf die Sonne hin ausgerichtet – waren selbst zu kleinen Sonnen geworden. Strahlend, verklärt standen sie im gleißenden Morgenlicht. Die Sonne hatte die Dunkelheit vertrieben, die Kälte gebannt und das Erstarrte belebt.

In dir ist noch Kälte und Dunkelheit? Angst und Schuld lähmen deine Glieder und Gedanken?

„O Heiland stille mein Verlangen mit deines Kommens Seligkeit …“

*

Liturgische Adventsandacht

Lied: „Macht hoch die Tür, die Tor macht weit!
Es kommt der Herr der Herrlichkeit,
ein König aller Königreich,
ein Heiland aller Welt zugleich,
der Heil und Leben mit sich bringt;
derhalben jauchzt, mit Freuden singt:
Gelobet sei mein Gott, mein Schöpfer reich von Rat.“

Liturg I: „Du, Tochter Zion, freue dich sehr, und du, Tochter Jerusalem, jauchze! Siehe, dein König kommt zu dir, ein Gerechter und ein Helfer, arm und reitet auf einem Esel, auf einem Füllen der Eselin.“ (Sach. 9,9)

Lied: „Er ist gerecht, ein Helfer wert,
Sanftmütigkeit ist sein Gefährt,
sein Königskron ist Heiligkeit,

sein Zepter ist Barmherzigkeit;
all unsre Not zum End er bringt,
derhalben jauchzt, mit Freuden singt:
Gelobet sei mein Gott, mein Heiland groß von Tat."

Liturg II: „Gehet ein, gehet ein durch die Tore! Bereitet dem Volk den Weg! Machet Bahn, machet Bahn, räumt die Steine hinweg! Richtet ein Zeichen auf für die Völker! Siehe, der Herr läßt es hören bis an die Enden der Erde: Saget der Tochter Zion: Siehe, dein Heil kommt!" (Jes. 62,10.11)

Liturg I: „Gelobet sei der Herr, der Gott Israels! Denn er hat besucht und erlöset sein Volk und hat uns aufgerichtet ein Horn des Heils in dem Hause seines Dieners David, wie er vorzeiten geredet hat durch den Mund seiner heiligen Propheten: daß er uns errettete von unseren Feinden und von der Hand aller, die uns hassen, und Barmherzigkeit erzeigete unseren Vätern und gedächte an seinen heiligen Bund und an den Eid, den er geschworen hat unserem Vater Abraham, uns zu geben, daß wir, erlöset aus der Hand unserer Feinde, ihm dieneten ohne Furcht unser Leben lang in Heiligkeit und Gerechtigkeit." (Aus: Lobgesang des Zacharias – Luk. 1,68-74)

Lied: „Komm, o mein Heiland Jesu Christ,
mein's Herzens Tür dir offen ist;
ach, zeuch mit deiner Gnade ein,
dein Freundlichkeit auch uns erschein,
dein Heilger Geist uns führ und leit
den Weg zur ewgen Seligkeit.
Dem Namen dein, o Herr, sei ewig Preis und Ehr."

Lesung im Wechsel: Psalm 24:

Liturg I: „Die Erde ist des Herrn und was darinnen ist, der Erdkreis und die darauf wohnen. Denn er hat ihn über den Meeren gegründet und über den Wassern bereitet.

Alle: Wer darf auf des Herren Berg gehen, und wer darf stehen an seiner heiligen Stätte?

Liturg II: Wer unschuldige Hände hat und reinen Herzens ist, wer nicht bedacht ist auf Lug und Trug und nicht falsche Eide schwört: der wird den Segen vom Herrn empfangen und Gerechtigkeit von dem Gott seines Heils.

Liturg I: Das ist das Geschlecht, das nach ihm fragt, das da sucht dein Antlitz, Gott Jakobs.

Liturg II: Machet die Tore weit und die Türen in der Welt hoch, daß der König der Ehre einziehe!

Alle: Wer ist der König der Ehre?
Liturg I: Es ist der Herr, stark und mächtig, der Herr, mächtig im Streit.
Liturg II: Machet die Tore weit und die Türen in der Welt hoch, daß der König der Ehre einziehe!
Alle: Wer ist der König der Ehre?
Liturg I + II: Es ist der Herr Zebaoth; er ist der König der Ehre."

Kanon: „Siehe, dein König kommt zu dir!"
Lesung:
Liturg I: „Siehe, ich stehe vor der Tür und klopfe an. So jemand meine Stimme hören wird und die Tür auftun, zu dem werde ich eingehen und das Abendmahl mit ihm halten und er mit mir." (Offb. 3,20)
Liturg II: „Siehe, ich komme bald und mein Lohn mit mir, zu geben einem jeglichen, wie seine Werke sind. Ich bin das A und das O, der Erste und der Letzte, der Anfang und das Ende." (Offb. 22,12-13)
Lied: Maranata! (Vgl. Seite 66.)
Liturg I: „Es spricht, der solches bezeugt: Ja, ich komme bald. Amen. Ja komm, Herr Jesus!" (Offb. 22,20)

(Vorschlag zum Gebrauch in der Familie:
Liturg I = Vater Liturg II = Mutter Alle = Kinder)

*

Adventsverheißungen

Mit der Adventszeit beginnt das neue Kirchenjahr. Das ist eine sinnreiche Ordnung. Aber der Advent trägt nicht nur Anfangscharakter, er hat auch etwas von Endphase. Mit dem Advent Gottes beginnt wirklich eine neue Zeit, die Heilszeit. Es beginnt eine neue Zeitrechnung.

Mit Advent geht aber auch etwas zu Ende. Es ist der Abschluß einer langen Warte- und Vorbereitungszeit.

„Die Väter haben dein geharrt, bis daß die Zeit erfüllet ward."

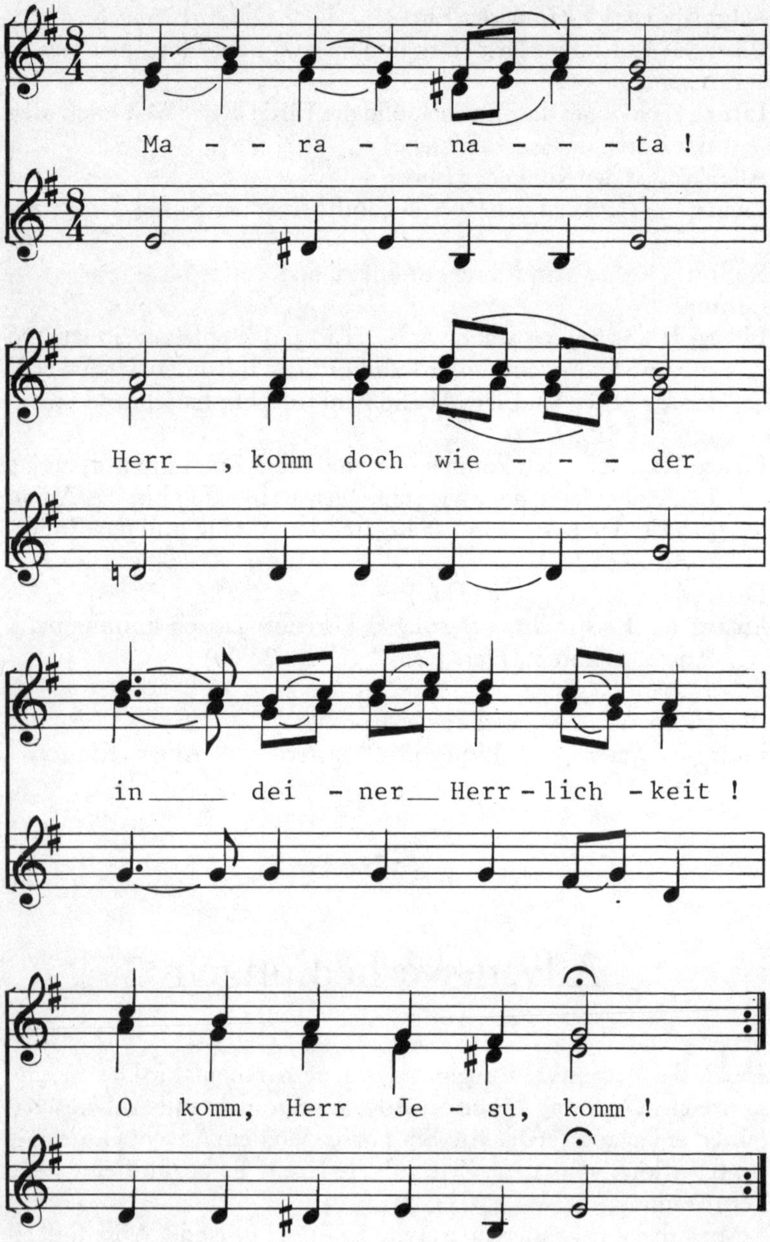
Ma - - - ra - - - na - - - - ta !
Herr___, komm doch wie - - - der
in____ dei - ner__ Herr - lich - keit !
O komm, Herr Je - su, komm !

Im Blick auf die Adventszeit steht mir das Bild von einer Rennbahn vor Augen. Mit dem 1. Advent laufen wir in die „Zielgerade“ ein. Nur noch wenige Meter und das Ziel ist erreicht. Alle Mühe, aller Einsatz, alles Warten haben sich gelohnt.

Was lange verheißen war, geht nun in Erfüllung. Und wir können nur jedes Jahr wieder neu staunen und danken, daß Verheißung Erfüllung findet.

Um das so recht vor Augen zu haben, pflegen wir in unserem Haus beim Frühstück des 1. oder 2. Advents folgenden Brauch:

Wir haben Advents- und Messiasverheißungen des Alten Testaments herausgesucht und auf Kärtchen geschrieben. An jedem Platz liegen ein bis zwei dieser Verheißungen. Nun darf jeder dieses Verheißungswort vorlesen. Dazwischen singen wir passende Strophen von Advents- und Weihnachtsliedern. Diese Verheißungs-Lesung wird zu einer richtigen Freuden-, Lob- und Dankfeier.

Wir fügen hier die Stellen an, die uns in den Schatz göttlicher Adventsverheißungen blicken lassen:

1. Mose 3,15; 1. Mose 8,21.22; 1. Mose 9,9.11; 1. Mose 12,1-3; 1. Mose 26,4; 1. Mose 49,8a.10; 1. Mose 49,18; 4. Mose 14,21; 4. Mose 24,17; 5. Mose 18,15b; Hiob 19,25; Psalm 14,7; Psalm 24,7.8; Psalm 72,11-13; Jesaja 4,2; Jesaja 7,14; Jesaja 9,1.2; Jesaja 9,6.7; Jesaja 11,1.2; Jesaja 28,16; Jesaja 35,10; Jesaja 40,1.2; Jesaja 40,10.11; Jesaja 42,1-3; Jesaja 49,6; Jesaja 59,20; Jesaja 60,1.2; Jeremia 23,5.6; Jeremia 33,14-16; Hesekiel 34,23; Joel 3,1; Amos 9,11; Micha 5,1; Habakuk 2,3; Sacharia 9,9; Sacharia 13,1; Sacharia 14,9; Maleachi 3,1; Lukas 1,26-29; Lukas 1,30-33; Lukas 1,38; Lukas 2,1-14; Lukas 2,25-32; Lukas 2,34; Lukas 2,52; Johannes 1,14; Johannes 3,16; Apostelgeschichte 4,12; Offenbarung 21,3.4; Offenbarung 22,17; Offenbarung 22,20.

*

Komme bald!

Herr, es ist wieder dein Advent,
Gar hell der Kerzen Flamme brennt,
Ach brich mit deinem Himmelsschein
in unsre schwere Nacht hinein.
Herr Jesu, komm, mach uns bereit,
Und ende Jammer, Not und Streit,
Komm bald zum seligen Advent,
Wo alles dich als Herrn erkennt.
Komm, Herr, mit deiner Gotteswelt,
Und bau dein Reich, das nie zerfällt,
Dem alles dient in Lichtgestalt:
Ja, Amen! Komm! O komme bald!

Fritz Woike

Ich will ihnen
einen einzigen Hirten erwecken,
der sie weiden soll,
nämlich meinen Knecht David.
Der wird sie weiden
und soll ihr Hirte sein.

Hesekiel 34,23

Hier ist mehr als Davids Sohn!
Unvergänglich ist sein Thron.
Licht der Seelen, ewges Heil
ward durch Jesum uns zuteil.

Heinrich Held (1620-1659)

Gott allein tut not! Er liebt uns unendlich, sieht uns ständig und ist allmächtig. Der gute Hirte weiß, was wir brauchen, und gibt es uns im rechten Augenblick. Wir sind in guten Händen! *Charles de Foucauld*

Die Vielfalt der Bilder, die das Wesen und den Auftrag des Heilandes darstellen, zeigt uns zugleich, wie umfassend Jesus alle Bereiche menschlichen Lebens kennt. Es gibt nichts – aber auch wirklich nichts –, was uns auf unserem Weg durch das Leben begegnen könnte, auf das Jesus nicht Antwort und Hilfe geben könnte.

Eins der beliebtesten, der anschaulichsten und der wohltuendsten Bilder ist sicherlich das vom guten Hirten. Dabei geben Psalm 23 und Johannes 10 das Hauptmotiv ab. Es wäre eine dankbare und wohl auch segensreiche Tätigkeit, einmal alle „Hirten-Worte" der Bibel nachzuschlagen. Vielleicht würden wir wieder neu verstehen, warum man als Kind so unbeschwert und froh singen kann: „Weil ich Jesu Schäflein bin, freu ich mich nur immerhin über meinen guten Hirten ..."

Aber warum eigentlich nur als Kind? Freuen wir uns doch heute

– jetzt – darüber, daß Jesus unser guter Hirte ist!

Übrigens: Haben Sie schon einmal darüber nachgedacht, warum ausgerechnet Hirten als erste bei der Krippe waren?

*

Die Löcher im Himmel

Am Rande des kleinen Städtchens, auf einer Anhöhe, stand das Haus der Familie Hasler. Keine Villa wie die andern Häuser ringsum. Aber für die Hasler-Kinder war es ein Schloß. Und sie fühlten sich wie kleine Prinzen.

Von Frühling bis Herbst war der große Garten ihr Spielplatz. Im Winter aber, wenn sie nicht gerade Schlitten fuhren, blieben sie viel lieber in der Stube beim warmen Kachelofen. Obwohl Haslers eine Zentralheizung in ihr Haus hatten einbauen lassen, wurde der Kachelofen auch weiter angeheizt. Nichts konnte seine gemütliche, heimelige Wärme ersetzen. So behaupteten es jedenfalls alle in der Familie.

Doch einen noch viel größeren Beitrag zur wohligen Atmosphäre des Hauses leistete Großmutter Hasler, die im Hause ihres ältesten Sohnes Wohnrecht besaß. Das bedeutete aber kein Geduldetsein oder gar Erleiden. Die ganze Familie liebte Oma. Sie war es, die fast jeden Abend den vier Hasler-Kindern noch eine Gute-Nacht-Geschichte erzählte. Ohne Geschichte konnte keines der Kinder einschlafen. Und Oma Hasler war unerschöpflich. Woher sie nur alle diese Geschichten hatte? Viele waren wohl in ihrer eigenen Werkstatt entstanden.

Das Kalenderblatt vom 1. Advent war bereits abgerissen. Früh schon brach die Nacht herein. Die Kinder saßen auf der Bank des Kachelofens, und Großmutter erzählte. Sie erzählte von dem Stern, der den Weisen erschienen war im Morgenland. Susi, die Jüngste, rutschte von der Bank herunter und lief zum Fenster. „Vielleicht gibt es diesen Stern noch einmal, Oma!? Ich will mal nachsehen."

Doch nirgendwo am Himmel war ein Stern mit einem Schweif. Dafür stand der Himmel voll mit vielen kleinen Sternen. – „Warum sieht man eigentlich die Sterne nur in der Nacht?" fragte Susi die Großmutter.

„Am Tage ist es viel zu hell. Da scheint ja die Sonne", lautete die Antwort.

Susi war aber mit ihrem Wissensdurst noch nicht am Ende. „Wo kommt denn das Licht der Sterne her?" wollte sie wissen.

Ja, woher bekommen die Sterne ihr Licht?

Aber Oma Hasler war nicht verlegen. „Gott hat seinen Engeln den Auftrag gegeben, in den Himmelsboden mit Nadeln lauter Löcher zu stechen, damit etwas Licht aus der Himmelswelt auf die Erde fallen kann!"

Die drei Größeren lächelten über diese Antwort der Großmutter. Doch für Susi war das eine einleuchtende Erklärung.

„Ach, schade, daß die Engel die Löcher nicht etwas größer gemacht haben!" Es war ein richtiger Seufzer, den Susi ausstieß.

Am nächsten Tag mußte Frau Hasler gleich zweimal den Kopf schütteln. Was war denn nur los? Zuerst suchte sie den Stubenbesen – aber der war nirgends zu finden. Als sie dann später an die Flickarbeit ging, fehlte auch das Nadelkissen im Nähkästchen. Sie konnte sich gar nicht erklären, wo die Sachen hingekommen sein könnten.

Erst als sie ins Zimmer der beiden Jüngsten mußte, löste sich das Rätsel – zumindest teilweise. Da stand doch der Stubenbesen, und oben war mit Schnur umständlich das Nadelkissen angebunden. Was sollte das bedeuten?

Als Susi mit den Geschwistern vom Schlittenfahren zurückkam, forderte die Mutter zuerst Rede und Antwort. Susi erschrak. Was sollte sie sagen? Das war doch ihr Geheimnis. Sie hatte sich fest vorgenommen, nach Einbruch der Dunkelheit hinauszuschleichen und mit dem langen Besenstiel und dem Nadelkissen noch mehr Löcher in den Himmel zu machen. Was die Engel von oben her können, das müßte ihr doch auch von unten gelingen.

Und wie schön wäre es, wenn man durch mehr Sternenlöcher etwas besser in den Himmel schauen könnte!

Alle lachten über Susi, als sie schließlich mit ihrem Plan herausrückte. Nur Oma Hasler lachte nicht. Sie nahm Susi auf den Schoß und sagte: „Weißt du, wir Menschen kommen von der Erde aus nicht an den Himmel heran. Aber Gott selbst hat ein großes Loch in den Himmel gemacht. Durch dieses Loch hat er seinen Sohn, den Heiland, zu uns auf die Erde geschickt. Wer an ihn glaubt und ihn liebhat, darf schon jetzt ein Stückchen Himmel sehen. Und einmal wird er ihm das Himmelstor aufschließen und ihn einlassen. Nicht wahr, Susi, du und ich wollen auch dazugehören!"

Susi nickte nur. Sie mußte noch viel darüber nachdenken.

Zur selben Zeit
will ich die zerfallene Hütte Davids wieder aufrichten
und ihre Risse vermauern und, was abgebrochen ist,
wieder aufrichten
und will sie bauen,
wie sie vorzeiten gewesen ist.

Amos 9,11

Komm und räume alles aus,
was du hassest und mich reuet.
Komm und reinige dein Haus,
das die Sünde hat entweihet.
Mache selbst mit deinem Blut
alles wieder rein und gut.

Philipp Friedrich Hiller (1699-1769)

Nicht, weil wir unschuldig sind, dürfen wir als Kinder dem Vater nahen, sondern weil wir beschirmt sind von der Barmherzigkeit Gottes. *Helga Rusche*

Das Haus, in dem ich als Kind aufwuchs, hatte einen Kohlenkeller, in dem kein Fenster und kein elektrisches Licht waren. Die Tür aus Dachlatten ließ vom Vorplatz etwas Licht hinein. Kohlen zu holen war für uns Kinder keine sonderlich geliebte, eher etwas schauerliche Aufgabe. Meistens fiel sie mir zu.

Es kam zwar nicht oft vor, aber manchmal passierte es doch: Wenn eines von uns Kindern besonders böse gewesen war, mußte es zur Strafe in den Kohlenkeller. Keine besonders pädagogische Maßnahme, eher ein Ausdruck der Hilflosigkeit, wenn Mutter meinte, zu dieser Lösung greifen zu müssen. Sie sagte dann: „Wenn du wieder lieb sein willst, dann sage es!"

Zunächst aber gab es nur ein zorniges Schreien, dann ein ängstliches Weinen, und schließlich das notgedrungene: „Ich will wieder lieb sein."

Nun, ich denke, Schaden haben wir trotzdem nicht genommen. Aber eines ist mir heute klar: So macht Gott es nicht. Er sperrt nicht ein und sperrt nicht aus. Sonst wäre der Kohlenkeller längst zu klein. Er umgibt uns mit Barmherzigkeit. Er umschließt uns mit Liebe. Er will durch Güte zur Umkehr leiten. Er will das Zerfallene aufbauen – auch in unserem Leben. Er will das Böse ausräumen!

Allerdings – ohne das „Ich will wieder lieb sein" geht es auch bei ihm nicht. Er räumt nur aus, was „mich reuet". Durch das Kommen des Heilands aber kann sich jeder aufmachen, zum Vater gehen und sagen: „Vater, ich habe gesündigt, vergib mir!"

*

Die Hirten

Wir kennen alle das Jesus-Wort: „Die Letzten werden die Ersten sein!" In einem gewissen Sinne waren die Hirten auf den Feldern Bethlehems wirklich die Letzten. Ich denke an die etwas abschätzige Bemerkung: ... das ist der „letzte Mensch". Damit ist ein ganz schönes Stück Verachtung ausgedrückt.

So mögen damals viele Menschen in Bethlehem und Jerusalem von den Hirten gesprochen haben: Die letzten Menschen! Abschaum, Gesindel! Am besten hält man sich die vom Leibe! Draußen auf den Feldern – ja, da gehören sie hin. Menschen, die nur auf Distanz zu ertragen sind.

Andererseits wissen wir aber, daß gerade die Hirten edle, ja vornehme Vorfahren aufzuweisen hatten. Denken wir doch nur an David, den König Israels. Aber auch Abraham, Isaak und Jakob waren Hirten; allerdings Hirten und Herdenbesitzer zugleich. Die Hirten bei Bethlehem hüteten wahrscheinlich die Herden reicher Bethlehemiter.

An den Hirten der Weihnachtsgeschichte erfüllt sich jedenfalls das Jesus-Wort von den Letzten und Ersten. Sie sind „Erste" in einer ganz wunderbaren Weise.

„Übrigens sind sie auch darin „Erste“, daß der Hirtenberuf der erste in der Bibel genannte Beruf ist. In 1. Mose 4,2 lesen wir von Abel, der ein Schäfer (Hirte) war.

Aber nun sind sie auch „Erste“ darin, daß sie aus „erster Hand“ die Botschaft von der Geburt des Messias empfangen. Sie sind die Ersten, die zum Kind in der Krippe kommen. Sie sind die Ersten, die zu Zeugen der Frohen Botschaft werden.

Erfüllt von diesem Adel, „Erste“ geworden zu sein, gehen sie – lobend und preisend – wieder zurück zu ihren Herden, auf ihre Felder, in ihre Armut, und sie sind getrost wieder „die letzten Menschen“.

Zimtsterne

400 g Mandeln
400 g Puderzucker
5 Eiweiß
2 EL Zimt
2 Tropfen Bittermandelöl oder
2 geschälte, feingeriebene bittere Mandeln
2 EL Arrak oder weißen Rum
Fett für die Bleche

Ausreichend für ca. 1 kg Gebäck

Die ungeschälten Mandeln zunächst fein reiben. Das Eiweiß sehr steif schlagen, dann den Zucker zugeben und noch kurz weiterschlagen, so daß die Masse glänzt. Für den Guß von dieser Baisermasse 4 EL abnehmen. Unter den Rest den größten Teil der geriebenen Mandeln, Zimt und Zitronenschale mengen. Die Masse sollte fest sein, darf aber noch leicht kleben.

Die übrigen Mandeln mit etwas Puderzukker gemischt auf die Arbeitsplatte geben, darauf den Teig etwa ½ cm dick ausrollen. Nun den mit Rum vermischten Eiweißguß daraufstreichen. Erst dann Sterne ausstechen. (Dabei die Sterne möglichst so ausstechen, daß wenig Teigreste entstehen.) Auf diese Weise läuft der Guß nicht die Seiten herunter und verklebt sie, so daß dort der Teig nicht aufgehen kann. Auf einem mit gefettetem Pergamentpapier oder Backpapier belegten Blech bei sehr mäßiger Hitze (130 bis 150 Grad) auf der obersten Schiene keinesfalls zu dunkel backen. Zu lang oder zu heiß gebackene Sterne werden hart!

Die Teigreste mit dem Guß am besten in der Schüssel wieder vermengen, dann als Häufchen – ähnlich wie Makronen – abbacken.

Und du, Bethlehem Efrata,
die du klein bist unter den Städten in Juda,
aus dir soll kommen,
der in Israel Herr sei,
dessen Ausgang von Anfang
und von Ewigkeit her gewesen ist.

Micha 5,1

Zu Bethlehem geboren,
im Stall das Kindelein,
gibt sich für uns verloren;
gelobet muß es sein.

Nach Johannes Tauler (1300-1361)

Es ist Gottes Programm, sich auf die Seite der Kleinen und Schwachen zu stellen. *Irmgard Otto*

In der Straße, in der ich als Kind wohnte, gehörte ich zu einer kleinen Clique von Kindern, die miteinander spielten und Streiche ausbrüteten. Wir hielten zusammen wie Pech und Schwefel. Ein paar Straßen weiter gab es noch eine Clique – nur etwas größer. Und selbstverständlich waren wir „verfeindet". Wenn einer von uns durch die Straße der „Feinde" mußte, war das immer gefährlich. Im günstigsten Falle setzte es Schimpfworte, wurde man angespuckt, oder es hagelte Steine. Im schlimmsten Fall gab es eine kräftige Tracht Prügel. Denen aus der anderen Straße erging es ähnlich, wenn sie sich zu uns herüberwagten.

Nun hatte mein Bruder einen Freund aus einem anderen Stadtteil, einen Kopf größer als alle und dicke Muskelpakete am Oberarm. Traugott hieß er – ein Pfarrerssohn. Einmal gingen wir mit ihm zusammen durch die „Feindesstraße". Als uns nach alter Sitte ein Junge angreifen wollte, packte ihn Traugott am Arm und ließ ihn einige Meter weiter unsanft am Boden landen. Das hatte Eindruck gemacht – bei ihnen und bei mir! Größe, Stärke, Überlegenheit – das wirkt!

Und doch geht Gott einen anderen Weg. Nicht Jerusalem, die Hauptstadt mit Tempel und Königsschloß, sondern das Provinznest Bethlehem wird Geburtsort Jesu. Nicht als Bürger des großen Römischen Reiches, sondern als Jude in Palästina kommt Jesus zur Welt. Nicht die Gewaltigen und die Vornehmen hat Gott erwählt, sondern was töricht ist vor der Welt, das Schwache. Das geht uns nur schwer ein! Aber es kommt uns zugut! Gott steht auf der Seite der Schwachen – auf unserer Seite! Er ist unser „Traugott". – Darum traue Gott!

*

Josef, der „Vizevater"

Josef, Marias Mann, ist eine vielverkannte Gestalt. Nur wenig wissen wir von ihm. Er steht auch kaum im Rampenlicht der Geschichte, obwohl er seinen Platz in unmittelbarer Nähe des Heilandes hatte.

Auf Abbildungen und in Krippendarstellungen ist er meist der plump-schwerfällige alte Mann, der unbeholfen neben der fürsorglichen Maria steht. Allgemein geht man davon aus, daß zwischen Josef und Maria ein großer Altersunterschied bestanden hat. Später hören wir nicht mehr viel von Josef. Vermutlich war er bereits gestorben, als Jesus in der Öffentlichkeit auftrat. Daß Josef etwas unbeholfen neben dem Neugeborenen stand – wer will ihm das verargen? Da hat er viele Kollegen!

Doch einige bemerkenswerte Dinge sind im Blick auf Josef trotzdem zu sagen. Zunächst einmal die eigenartige Ähnlichkeit mit seinem Namensvetter der Patriarchenzeit. Beide Josefs haben einen „Jakob" zum Vater (1. Mose 35,24; Matth. 1,16). Beide haben ungewöhnliche und vielsagende Träume! In der Weihnachtsgeschichte bei Matthäus wird uns von fünf Träumen berichtet. Ein Traum betrifft die Weisen, die übrigen vier Träume hatte Josef. Nun wäre es sicherlich falsch zu sagen: Josef war ein verträumter Mensch. Vielmehr gab ihm Gott in dieser entscheidungsreichen Zeit durch Träume klare Anweisungen.

Für mich sind allerdings nicht die Träume das wichtigste, sondern die Tatsache, daß Josef die Träume ernst nahm, sie als Reden Gottes erkannte und gehorsam war. Bedenken Sie nur einmal, was das für Josef bedeutete! Er setzte sich damit – ohne jeden Versuch einer Rechtfertigung – dem Gerede der Leute aus. Er nahm mühevolle und strapaziöse Reisen auf sich und für einige Zeit sogar das Los eines Asylanten.

Aber er war gehorsam! – Josef war nicht ein Mann der großen Worte, aber ein Mann des großen Gehorsams!

Mir ist Josef sympathisch! – Mehr noch: In zwei Dingen möchte ich „Josef" sein. Auch ich möchte auf Gottes Wort hin in klarem, unbedingtem Gehorsam stehen.

Das andere: Jesus war ja wohl gut zwei Jahrzehnte in der Werkstatt seines Vaters tätig. Tag für Tag so nahe mit Jesus zusammensein – das möchte ich auch.

Die Weissagung wird ja noch erfüllt werden zu ihrer Zeit
und wird endlich frei an den Tag kommen
und nicht trügen.
Wenn sie sich auch hinzieht,
so harre ihrer;
sie wird gewiß kommen und nicht ausbleiben.

Habakuk 2,3

Gott sei Dank durch alle Welt,
der sein Wort beständig hält
und der Sünder Trost und Rat
zu uns hergesendet hat.

Heinrich Held (1620-1659)

Ein Christ ist ein Mensch, der warten kann.

Hermann Bezzel

Heute sind es noch zwölf Tage bis zum Heiligabend! Manche Hausfrau und Mutter wird stöhnen und sagen: Keine zwei Wochen mehr, und dabei sollte ich noch so viel tun. Die Zeit läuft mir davon.

Den Kindern aber, denen wir das sagen, kommen zwölf Tage noch unendlich lange vor. Sie zählen am Adventskalender die Tage nach: Zwölf Tage! Mehr als Finger an den beiden Händen.

Zu uns sagte die Mutter in solchen Fällen: Noch so viel mal schlafen, dann ist es soweit. Und dann am Tag davor sprangen wir singend durchs Haus: „Einmal werden wir noch wach, heißa, dann ist Weihnachtstag!"

Vielleicht ging es den Engeln im Himmel auch so, daß sie es kaum erwarten konnten, bis Gott sein Wort einlöste. Ja, ich bin ganz sicher, daß die Engel den Tag der ersten Weihnacht mit Spannung und Freude erwarteten.

Das Warten auf Weihnachten mögen wir in der Zwischenzeit gelernt haben. Wir können uns jedenfalls beherrschen. Aber sonst ist noch viel Ungeduld in unserem Herzen. Und die Ungeduld erzeugt Zweifel. Kommt es auch wirklich? Trifft es ein? Hält Gott sein Wort?

Gott sei Dank, er hält es! Und zwar beständig! Ununterbrochen! Unwandelbar!

Und wir wollen uns als „echte Christen“ erweisen – und warten. Warten auf ihn!

*

Adventszeit! In vielen Häusern der Stadt Weimar bereitete man sich auf das Christfest vor. Aber dem Ehepaar Falk schien es fast unmöglich, alles für das Fest herzurichten. Am liebsten wären sie still zum Friedhof gegangen, wo ihre sechs Kinder ruhten, die innerhalb weniger Wochen einer furchtbaren Seuche zum Opfer gefallen waren.

Und doch wartete eine Kinderschar auf ihre Liebe und freute sich auf das Fest. Es galt, diesen Kindern eine neue Heimat zu geben. Das hatten die schwergeprüften Eltern an jenem Abend erkannt, als der erste kleine, völlig zerlumpte Junge mit den Worten an ihrer Tür stand: „Ich habe solchen Hunger. Meine Eltern sind von den Franzosen totgeschlagen worden. Seit zwei Wochen bin ich auf der Landstraße.“

Da hatten sie sich trotz ihres eigenen Schmerzes des Jungen angenommen. Ihm waren noch viele andere gefolgt, auch der kleine Italiener, der niemanden mehr auf der Welt hatte. Nur einmal war er aus sich herausgegangen, da hatte er ein Lied aus seiner Heimat gesungen. Dann war er wieder verschlossen wie vorher. Die Pflegeeltern gaben sich viel Mühe, den Weg zu der vereinsamten Seele ihres kleinen Schützlings zu finden.

Weihnachten 1806 nahte. Vater Falk stand vor seinen Büchern. Er suchte ein bestimmtes Buch. Da, endlich fand er es, das Buch seines Freundes Gottfried Herder, der Lieder aus allen Teilen der Erde gesammelt hatte. „Stimmen der Völker in Liedern“ war der Titel.

Eifrig blätterte Vater Falk darin. Dann fand er, wonach er gesucht hatte: eines der schönsten italienischen Volkslieder, ein sizilianisches Fischerlied. Sein Freund hatte es in Sizilien bei den Fischern gehört, die es immer zu singen pflegten, ehe sie ihre Boote bestiegen. Er hatte damals zu ihm gesagt: „Das ist ein Lied, in dem die Seele eines Volkes lebt. Wenn einem doch solch ein Lied in seinem Leben geschenkt würde!" Dieses Lied wollte Vater Falk seinen Pflegekindern „schenken", besonders dem kleinen, verschlossenen Pedro.

Während von der nahen Stadtkirche die Glocken den letzten Adventssonntag einläuteten, saß in seinem Zimmer ein Mann, dem alle eigenen Kinder genommen worden waren, und schrieb ein Lied für die Kinder, die ihm anvertraut waren. Er, der selbst so viel Leid erfahren hatte, faßte die wunderbare, frohmachende Botschaft der Weihnachtsgeschichte in die Worte:

„O du fröhliche, o du selige, gnadenbringende Weihnachtszeit ..."

2. O du fröhliche, o du selige, gnadenbringende Weihnachtszeit! Christ ist erschienen, uns zu versühnen: freue, freue dich, o Christenheit!

3. O du fröhliche, o du selige, gnadenbringende Weihnachtszeit! Himmlische Heere / jauchzen Dir Ehre. Freue, freue dich, o Christenheit!

Johannes Daniel Falk 1768—1826

Du, Tochter Zion, freue dich sehr,
und du, Tochter Jerusalem, jauchze!
Siehe, dein König kommt zu dir,
ein Gerechter und ein Helfer,
arm und reitet auf einem Esel,
auf einem Füllen der Eselin.

Sacharia 9,9

Hosianna, Davids Sohn, sei gesegnet deinem Volk!
Gründe nun dein ewig Reich, Hosianna in der Höh!
Hosianna, Davids Sohn, sei gegrüßet, König mild!
Ewig steht dein Friedensthron, du, des ewgen Vaters Kind.

Heinrich Ranke (1798-1876)

Der Mensch fiel, aber Gott stieg herab.
Erbärmlich ist der Mensch, aber voll Erbarmen kam Gott hernieder.
Der Mensch fiel durch Stolz, Gott kam herab in Gnaden.

Augustinus

Da hat sich Gott einen echten Stilbruch geleistet! Der Einzug des Königs der Könige in Zion, in Jerusalem. Der Bericht vom Palmsonntag spricht von Palmzweigen und Kleidern auf der Straße. Immerhin etwas! Aber das mit dem Esel – das ist ein Stilbruch! Jeder jüdische Junge ritt auf einem Esel umher. Das war sozusagen das „Fahrrad der einfachen Leute". Ein Gebrauchsgegenstand. Ein Transportmittel. Alltäglicher ging es nicht mehr. Selbst laufen ist majestätischer.

Aber so ist Gott! Er kann sich das leisten! Nein, nicht als Gag. In solchen Sachen kennt Gott keinen Spaß. Er kann nicht anders! Aus Liebe zu uns!

„Erbärmlich fiel der Mensch, aber voll Erbarmen kam Gott hernieder."

Und so reitet sein König auf einem Esel. Nicht, weil er sich nichts anderes leisten kann, sondern weil wir uns nichts anderes leisten können!

*

Seht – das Licht dort am Himmel,
wird's der Morgenstern sein?
Immer heller und heller
strahlt der leuchtende Schein.

Hört die Schellen, das Klingen,
ist's der Schafe Geläut?
Es kommt näher und näher,
so erwacht doch, ihr Leut!

Weh – der Himmel stürzt nieder!
Jubelnd tönt's aus dem Licht:
Hört ihr Hirten vom Felde,
freut euch, fürchtet euch nicht!

Denn ein Sohn ist geboren,
euer Herr wird er sein!
Laßt die Schafe, die Herden,
zieht zur Krippe hinein!

Und das Licht wird euch leuchten,
lauft, ihr Hirten, vom Feld,
hin zum Bruder im Stalle,
zu dem Retter der Welt.

Barbara Cratzius

In der Wüste
bereitet dem Herrn den Weg,
macht in der Steppe
eine ebene Bahn unserm Gott!

Jesaja 40,3

Sei willkommen, o mein Heil,
Hosianna, dir, mein Teil!
Richte du auch eine Bahn
dir in meinem Herzen an.
Zieh, du Ehrenkönig, ein,
es gehöret dir allein.
Mach es, wie du gerne tust,
rein von aller Sünden Lust.

Heinrich Held (1620-1659)

Gottes Wege sind dunkel, aber das Dunkel liegt nur in unseren Augen, nicht auf Gottes Wegen. *Matthias Claudius*

Gott möchte wohl auf direktem Wege zu uns Menschen kommen. Doch wir legen ihm immer wieder so viele Steine in den Weg – Steine des Unglaubens und des Zweifels, Steine der Gleichgültigkeit und des Egoismus.

Nur deshalb sind seine Wege zu uns und mit uns oft so verschlungen und uneben, so dunkel und unübersichtlich.

Wer Gott in seinem Leben freie Bahn schafft, zu dem kommt er auf direktem Wege! Der lernt auch erkennen, daß es an unseren getrübten Augen liegt, wenn uns die Wege unseres Lebens dunkel erscheinen. Unsere Brille ist angelaufen!

Doch wer dem Herrn in seinem Leben freie Bahn gibt, dem schenkt er Durchblick und Weitblick – klare Sicht!

Die Weihnachtskrippe

Wenn wir in der Weihnachtszeit von der Krippe reden, dann meinen wir längst nicht mehr nur die Futterkrippe, in der das Jesuskind nach seiner Geburt gelegen hat. Wir wissen ohnehin nicht ganz genau, ob es eine hölzerne Futterkrippe war, wie wir sie auch heute noch in ländlichen Gebieten in Ställen vorfinden, oder ein Steintrog. Aber das ist auch gar nicht wichtig. Gewiß ist, daß nicht nur das Jesuskind eine solche erste Schlafgelegenheit hatte. Wohl manche der ärmsten Kinder verbrachten damals die ersten Wochen und Monate ihres Lebens in einer Krippe.

Doch wie gesagt, unter Krippe verstehen wir heute im erweiterten Sinne eine bildhaft-plastische Darstellung jener Szene, die uns Lukas in seinem 2. Kapitel schildert. Dazu gehören Maria und Josef und das Kind; aber auch Ochs und Esel, Hirten, Engel und die Weisen.

Diese Szene wurde von Künstlern der vergangenen Jahrhunderte immer wieder dargestellt, als Gemälde oder als Plastiken aus Holz und Stein. Ursprünglich fast nur in Kirchen, finden wir heute die Weihnachtskrippe fast in jeder Familie. Sie ist verkommerzialisiert und steht in Schaufenstern und Geschäften als Dekoration.

Und doch liebe ich die Weihnachtskrippen. Abgesehen von einigen kitschigen Kaufhaus-Exemplaren ist jede Krippe – vor allem die handgefertigten Exemplare – ein Ausdruck dafür, daß wir das Evangelium vom kindgewordenen Gott, von der anschaubaren und anfaßbaren Liebe Gottes, noch nicht vergessen haben.

Jede Krippe ist eine – allerdings mit Emotionen belastete – Demonstration, daß Gott es ernst meint mit seiner Zuwendung zu uns Menschen. Jede Krippe ist eine lautlose, aber sehr eindringliche Einladung an uns, vor das Jesuskind zu treten und zu sagen: „Ich steh' an deiner Krippen hier, o Jesu, du mein Leben. Ich komme, bring und schenke dir, was du mir hast gegeben …"

So möchte auch ich immer wieder vor der Krippe stillestehen. Ich besitze eine kleine Sammlung verschiedener Krippen – aus Holz, Ton, Wachs und Blei und aus Blütenblättern. Wenn ich in den Tagen des Advent und der Weihnacht an den verschiedenen Orten im Haus vorbeikomme, wo diese Krippen aufgestellt sind, dann entlocken sie mir oft einen dankbaren Blick, ein stilles Innehalten oder auch ein Loblied.

3. Advent

Siehe, ich will meinen Boten senden,
der vor mir her den Weg bereiten soll.
Und bald wird kommen zu seinem Tempel
der Herr, den ihr sucht;
und der Engel des Bundes,
den ihr begehrt,
siehe, er kommt!

Maleachi 3,1

Auf, auf, ihr Reichsgenossen,
der König kommt heran;
empfanget unverdrossen
den großen Wundermann.
Ihr Christen, geht herfür.
Laßt uns vor allen Dingen
ihm Hosianna singen
mit heiliger Begier.

Johannes Rist (1607-1667)

Niemand und nichts kann diesen Augenblick der Ankunft Jesu Christi bestimmen, kein Weltgesetz und Weltprozeß, keine Regel der Geschichte, kein Wille oder Unwille der Menschheit kann ihn hervorrufen. Aber niemand und nichts kann auch die Ankunft der Zeit Gottes hindern. *Heinrich Schliern*

„Er kommt!" ruft einer in die Schulklasse.

Sofort breitet sich ein Schweigen über die eben noch tobende Schar, wenn der Direktor die Klasse betritt.

„Er kommt!“ riefen wir als Kinder vor Freuden, wenn der Vater von einer Reise zurückkam. Lachend liefen wir ihm entgegen.

So verschiedene Wirkungen können die beiden Wörtlein „er kommt“ hervorrufen. Nun ist die ganze Botschaft der Bibel zusammengefaßt in diesen beiden Worten „Er kommt“. Gott kommt! Und die Bibel erzählt uns, welch verschiedenartige Wirkungen auch diese Botschaft hatte.

„Er kommt“, schrie Adam der Eva zu. Und Hals über Kopf flüchteten sie in die verborgensten Winkel des Paradieses. Sie hatten allen Grund dazu. Denn Gott kam als Richter, und vor diesem Richter muß der Mensch wohl erschrecken.

„Er kommt“, flüsterten die Israeliten erschrocken, als sie in feiertäglichem Gewand an dem kahlen Felsenberg Sinai versammelt waren und ein durchdringender Posaunenton immer stärker wurde und die finstere Wolke den Berg einhüllte. Heilige Schauer überrieselten sie. Ja, da kam Gott als Gesetzgeber. Wir Menschen täten gut daran, in heiliger Ehrfurcht Seinen Willen zu ehren und – zu tun.

„Er kommt!“ riefen die Hirten in der heiligen Nacht und liefen fröhlich über Berg und Tal nach Bethlehem. Ja, sie hatten wohl Grund, fröhlich zu sein. Und wir mit ihnen.

Da ist Gott gekommen – oh, es ist unerhört und unausdenkbar! – als unser Bruder, als unser Knecht, als Lastträger, als Versöhnungslamm, als Friedefürst, als Freudenbringer. Hört es: „Er ist gekommen!“

„Jesus ist kommen, die Quelle der Gnaden. Komme, wen dürstet, und trinke, wer will. Holet für euren verderblichen Schaden Gnade aus dieser unendlichen Füll. Hier kann das Herze sich laben und baden. Jesus ist kommen, die Quelle der Gnaden.“
(Wilhelm Busch)

*

Weihnachten bei Erzurum

Mit einem Fluch auf den Lippen betrat Felix Scherer die Reparaturwerkstatt des großen Transportunternehmens „Obermaier & Söhne“. Er war erregt, und man sah es seinem Gesicht an, daß er innerlich kochte.

„Nur sachte, alter Junge", rief ihm einer seiner Kollegen zu. „Ärger gehabt mit dem Boß? – Soll vorkommen!"

Doch statt einer Antwort kam nur ein neuer Schwall von Beschimpfungen und Flüchen. „Der soll sich doch einen anderen Idioten suchen. Ich bin zwar blöd – aber so blöd auch wieder nicht. Kommt doch gar nicht in Frage. Lieber schmeiß' ich ihm den ganzen Bündel hin und kündige! Der soll sich doch nicht einbilden, daß er mit mir machen kann, was er will!" –

Erst vor neun Tagen war Felix Scherer mit seinem Sattelschlepper von einer Ferntour aus Saudi-Arabien zurückgekehrt. Weite Fahrten, viel Unterwegssein, das machte ihm nicht viel aus. Das war halt sein Beruf als Fernfahrer. Aber was zuviel ist, ist zuviel!

Jetzt im Dezember wollte er keine Tour mehr machen. Vielleicht mal rasch nach Spanien oder Süditalien. Oder auch nach Norwegen. Die Himmelsrichtung war ihm egal. Zwei-, dreitausend Kilometer – das waren kleinere Sachen. Aber ...

Er spürte, wie es erneut in ihm aufstieg. – „Ich brauche einen Schnaps!"

Felix Scherers Ehe- und Familienleben war zwar sicherlich keine „Bilderbuch-Geschichte", aber im großen und ganzen hatten sie es gut miteinander. Er hatte sie lieb – seine Frau Ursula und die beiden Kinder René und Yvonne. Die beruflich bedingte Distanz tat das ihre dazu. Jedenfalls freute er sich immer wieder auf die Heimkehr. Dieses Jahr wollte er auf alle Fälle Weihnachten zu Hause sein.

Nichts Böses ahnend war er daher am Morgen ins Büro des Chefs gegangen, als über den Lautsprecher die Stimme der Sekretärin ausrief: „Scherer, kommen Sie bitte zum Chef!" –

Eine unvorhergesehene, dringende Fahrt in den Iran. Und außerdem: Er würde doch wohl die Sonderprämie brauchen können. Meinte der Chef. – Drinnen im Büro hatte es Felix Scherer die Sprache verschlagen. Wortlos war er gegangen. Erst beim Eintritt in die Werkstatt brach der Vulkan los.

Die Kollegen umringten ihn, versuchten ihn zu beruhigen und zu trösten. Aber insgeheim war jeder froh, daß es nicht ihn getroffen hatte. Nein, tauschen wollte keiner mit Felix Scherer!

Oder doch? – Kurt Beck, einer der Fernfahrer-Kollegen, trat auf Scherer zu und fragte: „Soll ich für dich fahren?" – Felix Scherer sah ihn entgeistert an. Wollte er einen Scherz machen? Jetzt vertrug er keine solchen Späße!

„Ich meine es ehrlich", sagte Kurt Beck.

„Aber du mußt doch ..." – Felix Scherer stockte. Er wollte sagen:

‚Aber du mußt doch dieses Jahr Weihnachten zu Hause sein! – Denn schließlich: Kurt Beck hatte im vergangenen Frühling seinen Vater verloren. Nun war es das erste Weihnachtsfest, an dem Kurt mit seinen jüngeren Geschwistern und seiner Mutter allein feiern würde. Nein, das konnte er nicht annehmen!

Doch da war Kurt Beck schon in Richtung Chef-Büro unterwegs. Die anderen sahen ihm betroffen nach. Das hätten sie nicht fertiggebracht. Aber so war der Beck! Mochten sie auch sonst witzeln über ihn, den Frommen – kollegial war er.

„Wenn er dir das anbietet, dann mußt du das annehmen. Du kannst dich ja ein andermal revanchieren!"

Alle sprachen sie durcheinander. Irgendwie waren sie froh und erleichtert, daß sich die Spannung gelöst und es nicht sie getroffen hatte.

Als Kurt Beck wieder zurückkam, sagte er nur: „Der Chef ist einverstanden!" Daß dieser zuerst sehr erstaunt gewesen war und dann anerkennende Worte von wegen „echter Kameradschaft" usw. gesprochen hatte, verschwieg er.

Zwei Tage vor dem Nikolaustag startete Kurt Beck seinen mächtigen Truck in Richtung Teheran. In diesem Jahr würde er nicht wieder zurücksein. Die Strecke war ihm nicht unbekannt. Doch noch nie hatte er sie zu dieser Jahreszeit gefahren. Immer nur im Sommer.

Einen Plan hatte er auch schon. Wenn alles gut lief – ohne Motorschaden und so – könnte er zu Weihnachten auf der Rückfahrt in Saloniki sein. Silvester und Neujahr müßte es in jedem Fall klappen. Vor einiger Zeit hatte er eine Griechenfamilie kennengelernt, die als Gastarbeiter in Stuttgart gelebt hatten. Wie hatte er sich gefreut, als er erfuhr, daß auch sie Christen sind und an Jesus glauben!

In Saloniki, dem alten Thessalonika, gehörten sie zu einer kleinen Gemeinde. Im letzten Jahr war er bei ihnen in den Ferien gewesen. Eine schöne Zeit! Wenn er mit ihnen Weihnachten oder Neujahr feiern könnte! Das wäre eine Entschädigung dafür, daß er nicht zu Hause bei seinen Lieben sein konnte.

Wie in den vergangenen Jahren hatte er auf der Führerkabine seines Lastzuges ein kleines Tannenbäumchen mit Kerzen angebracht. Ein Stückchen Weihnachten, ein Stückchen Heimat sollten mitkommen.

Alles ging glatt. Zagreb – Belgrad – Saloniki – Istanbul – Ankara. Selbst die Grenzkontrolle in den Iran war noch nie so reibungslos und unbürokratisch verlaufen. Jetzt noch nach Teheran, die Ware abladen. Eine neue Ladung würde es erst auf der Heimfahrt in Ankara geben.

Kurt Beck war froh und zuversichtlich. Alles hatte so gut geklappt. Vielleicht würde er sogar noch zu Weihnachten in Saloniki sein. Aber dann kamen die Schneefälle. Schon in der Grenzregion von Iran setzten sie ein. Und dann in Ostanatolien. In Dogubayazit, am Fuße des Araratgebirges, mußte er einen Zwangsstopp einlegen. Die alten Schneepflüge schafften es nicht. Kurt Beck übernachtete im Motel, direkt an der E 23. So konnte er am nächsten Morgen gleich weiterfahren. Doch als er erwachte, wußte er, daß Weihnachten für ihn in diesem Jahr nicht in Saloniki, sondern in Ostanatolien stattfinden würde. Schade, aber eben nicht zu ändern.

Am Morgen des Heiligabends konnte er die Fahrt fortsetzen.

Agri und Erzurum waren die nächsten größeren Städte. Er mußte vorsichtig sein. Sein noch leerer Lastzug konnte auf den schneebedeckten Straßen leicht ins Schleudern kommen. Riskieren wollte er nichts, und bis Neujahr war er ganz bestimmt in Saloniki.

Kurz vor Erzurum geschah es dann. Kurt Beck hatte seinen Truck durch ein kleines ostanatolisches Dorf gefahren und wollte etwas beschleunigen. Da – in einer Kurve kam ihm ein alter Mercedes-Diesel mit einem deutschen Nummernschild entgegen: M – also München. Ein Gastarbeiter!

Das alles aber hat Kurt Beck erst später realisiert. Der Mercedes war direkt auf ihn zugesteuert. Kurt konnte nur nach rechts ausweichen – und das bedeutete in das tieferliegende Feld. Und dabei konnte er nicht verhindern, daß sein leerer Lastzug umkippte und seitlich liegenblieb. Für heute war die Fahrt zu Ende. –

„Gott sei Dank!“, entfuhr es Kurt Beck, als er erschrocken aus seiner Führerkabine kletterte. Ihm war wirklich nichts passiert. Er war mit dem Schrecken davongekommen.

Verstört stand der Mercedesfahrer vor ihm: „Nix gemackt?!“ fragte er in seinem Türkisch-Deutsch. – „Nix gemackt!“ –

Vom nahen Dorf waren Menschen hergekommen und hatten sich um die Unfallstelle versammelt. Doch Kurt Beck verstand nichts von alledem, was sie lautstark diskutierten. Der kleine Tannenbaum mit seinen Lichtern war unversehrt geblieben und brachte einen Hauch von Weihnachtsstimmung auf die Unfallstelle. Es war Heiligabend – Spätnachmittag.

Plötzlich kam eine Türkenfrau auf Kurt Beck zu, zog ihn am Ärmel zur Führerkabine und wies auf den Tannenbaum: „Christos! –

Christos!“ rief sie immer wieder. – Kurt Beck wußte nicht, was sie wollte.

Die Polizei hatte das Unfallprotokoll aufgenommen. Zum Glück war es eindeutig. Kurt Beck traf kein Verschulden. Aber sein Lastzug würde über Weihnachten im Schneefeld liegenbleiben.

Wieder kam die Türkenfrau: „Christos! – Christos!“ Und wieder zog sie Kurt Beck am Ärmel mit sich. Doch diesmal nicht zur Führerkabine und zum Tannenbaum, sondern in das nahe Dorf zu ihrem einfachen Haus. Kurt Beck sollte bei ihnen bleiben.

In der kleinen Stube sah er sich um. Sie war schlicht und sauber. In einer Ecke brannten einige Kerzen. An der Wand hing eine Muttergottes-Ikone. Also lebten hier keine Moslems. Nach und nach konnte Kurt Beck die einzelnen Teile zu einem Mosaik zusammensetzen.

Er war in das Haus armenischer Türken gekommen. Sie gehörten zu der verschwindend kleinen Minderheit der Armenier, die früher sehr zahlreich in Ostanatolien lebten. Kurt Beck hatte schon manches gehört von den Massakern, die am Anfang dieses Jahrhunderts hier stattgefunden hatten. Ein Stück Schreckensgeschichte!

Und nun war er ausgerechnet in dieses Haus armenischer Christen gekommen. Heute, am Heiligabend.

Er trat näher zur Ikone und schaute sie an. Mit gefalteten Händen stand er da. Da trat die Frau neben ihn, schlug das Kreuzeszeichen, wies auf Maria und das Kind und sagte: „Christos! – Christos!“

Jetzt erst verstand Kurt Beck. Ach so, der Weihnachtsbaum auf seiner Führerkabine. Der hatte ihm den Weg in das Haus armenischer Christen gebahnt.

Obwohl sie nicht miteinander reden konnten, fühlte sich Kurt Beck in dieser Familie sofort heimisch. Als sie am Abend um den Tisch saßen und die armenisch-orthodoxen Lieder sangen, da konnte er nur mitsummen. Aber für sie alle war es Weihnacht geworden. In einem hatten sie sich gefunden und erkannt: Christos! – Christos!

Und der Engel sprach zu ihr:
Fürchte dich nicht, Maria,
du hast Gnade bei Gott gefunden.
Siehe, du wirst schwanger werden
und einen Sohn gebären,
und du sollst ihm den Namen Jesus geben.
Der wird groß sein und Sohn des Höchsten genannt werden;
und Gott der Herr
wird ihm den Thron seines Vaters David geben.

Lukas 1,30-32

Gelobet seist du, Jesu Christ,
daß du Mensch geboren bist
von einer Jungfrau, das ist wahr,
des freuet sich der Engel Schar.
Halleluja!

14. Jahrhundert

Wenn einer nicht an Gott glaubt, kann man ihm das alles nicht erklären, und wenn einer an Gott glaubt, braucht man es ihm nicht zu erklären. *Franz Werfel*

Wieviel wurde doch schon im Laufe der fast zweitausendjährigen Geschichte der Christenheit diskutiert und geredet, geschrieben und veröffentlicht, gespottet und lächerlich gemacht: Wahrhaftig, die Botschaft von der Jungfrauengeburt ist ein Dorn im Auge der theologischen Kritikaster aller Zeiten.

Ist doch völlig unmöglich! Sagen sie. Es ist nicht logisch, und es ist nicht biologisch machbar – jedenfalls damals nicht.

Doch Gott hat keinen vorher gefragt, sondern hat diesen Weg gewählt. Warum auch nicht?

In einer ähnlich brisanten Angelegenheit – nämlich bei Sara – geht es letztlich um die Frage, die alles beantwortet: „Sollte dem Herrn etwas unmöglich sein?“

Gott hat bei der Planung seiner Strategie zur Rettung der Menschen so viele „Fallen“ eingebaut, daß man mit logischem Denken und gesundem Menschenverstand auf keinen Fall durchkommt. Nur der Glaube passiert diese Strecke ohne Hindernisse!

Sind Sie auch schon gestolpert? Dann machen Sie doch bitte die Augen auf!

Wer mit offenen Augen des Glaubens an dieses Wunder herantritt, der muß zwar nicht das Denken ausschalten, aber auch nicht vorschalten!

*

Weihnacht

Komm, Menschenherz, und laß beiseite
des Alltags Müh und Sorgenkram.
Freu dich am hohen Fest der Freude,
daß auch für dich ein Heiland kam.

Die Weihnacht kommt, die Glocken hallen,
die Sterne funkeln festlich drein –
Und an den Menschen Wohlgefallen,
und Friede soll auf Erden sein. –

Das ist ihr Gruß. – Von Engelzungen
ward er der Welt einst überbracht,
und jubelnd hat er nachgeklungen
seitdem durch jede heilge Nacht.

Er, der die Sterne schuf da droben,
er gab dem Himmel seine Pracht,
und ungemessne Welten loben
seit Ewigkeiten seine Macht.

Den Engeln gab er zu verkünden
sein ewig Lob vor seinem Thron;
uns Irrenden in Nacht und Sünden,
uns gab er mehr, den eingen Sohn.

Der kam, den Vater uns zu zeigen.
Er liebte, half in aller Not.
Sie haßten ihn, er trug's mit Schweigen
und starb für uns den bitt'ren Tod.

Nun komm, o Herz, mit deinem Sehnen,
bring ihm, was dir den Frieden nahm.
Hör's jubelnd durch die Weihnacht tönen,
daß auch für dich ein Heiland kam.

Otto Riethmüller

S-Gebäck/Spritzgebäck

125 g Butter oder Margarine
125 g feiner Zucker
1/2 Vanillestange
2 kleine Eier
250 g Mehl
Fett für die Bleche
etwas Mehl für die Bleche
100 g Kuvertüre

Ausreichend für ca. 600 g Gebäck

Vanilleschote der Länge nach aufschlitzen, die kleinen schwarzen Samenkörner sorgfältig herauskratzen. Butter oder Margarine, Zucker, Vanille und Eier in eine Schüssel geben und mit dem Quirl sehr gut schaumig rühren. Das Mehl daruntergeben. Kein Backpulver verwenden, sonst verlieren die Plätzchen die Form!
Den Teig entweder in einen Spritzbeutel mit gezackter Tülle geben oder durch den Fleischwolf mit Spezialvorsatz drücken. Backbleche erst fetten, dann mit Mehl bestäuben. Mit dem Finger S-Formen vorzeichnen, dabei die Zwischenräume berücksichtigen. Das Gebäck aufspritzen.
Bei nicht zu starker Hitze (175 Grad) auf der obersten Schiene im vorgeheizten Backofen etwa 10 Minuten nicht zu dunkel backen. Die Kuvertüre im Wasserbad schmelzen lassen, jeweils ein Ende der Plätzchen hineintauchen. Vor dem Verpacken auf einem Rost gut trocknen lassen.

Maria aber sprach:
Siehe, ich bin des Herrn Magd;
mir geschehe, wie du gesagt hast.

Lukas 1,38

Zions Stille soll sich breiten um mein Sorgen, meine Pein;
denn die Stimmen Gottes läuten Frieden, ewgen Frieden ein.
Ebnen soll sich jede Welle, denn mein König will sich nahn;
nur an einer stillen Stelle legt Gott seinen Anker an.
Was gewesen, werde stille, stille, was dereinst wird sein!
All mein Wunsch und all mein Wille gehn in Gottes Willen ein.

Rudolf Kögel (1829-1896)

Immer hat Gott den Anfang gemacht durch einen einzelnen Menschen und wunderbare Dinge durch ihn gewirkt.
Martin Luther

Maria war nicht besser und frömmer, auch nicht heiliger als viele Fromme der damaligen Zeit oder unserer Tage. Gott hat aus freier Wahl – oder sagen wir besser: Gnadenwahl – sein Auge auf sie gerichtet.

Maria aber war eine Frau, in deren Herz und Leben die Stürme und Wogen, die auch jeder von uns kennt, zur Ruhe gekommen sind. Darum konnte sich Gott ihr nahen und seinen Anker werfen. Das ist kein Verdienst von Maria, sondern ein vorbereitendes Wirken des Heiligen Geistes.

Was der Heilige Geist im Leben dieser jungen Frau bewirkte, geschah sicherlich nicht schlagartig. Es war ein Wachsen und Reifen. Aber es stieß nicht auf Widerstand.

Zwei Dinge fallen besonders auf. Es sind Grundvoraussetzungen für jedes göttliche Handeln in unserem Leben: Demut und Bereitschaft.

Was an Maria geschah, überfiel sie nicht wie eine Wintergrippe. „Siehe, ich bin des Herrn Magd!“ Das heißt: Ich bin bereit, die Haltung einer Magd einzunehmen. Ich bin gehorsam. Ich widerspreche nicht. Ich lehne mich nicht auf. Ich habe keine Wenn und Aber.

Je mehr ich über diese Frau nachsinne, um so mehr erfüllt mich Bewunderung für sie. Ich verehre sie! – Doch gerade das möchte sie nicht. Ich verehre ihn – ihn, den sie empfing!

*

„I hate Christmas“

Der kleine Engel wußte genau, wie man einen Protestknopf herstellt. Er hatte lange genug und immer wieder durch die Wolkenlöcher auf die Erde geschaut. Er wußte, daß man möglichst englische Slogans verwendet. Darum schrieb er nicht „Ich hasse Weihnachten“, sondern „I hate Christmas“.

Ich werde meine Aufgabe dieses Jahr nicht erfüllen, dachte der kleine Engel trotzig, ich werde ein Sit-in machen, ich ganz allein. Er setzte sich auf den Boden der verkehrsreichen Milchstraße, verschränkte die Arme und wartete der Dinge, die da kommen sollten. Aufreizend funkelte der Protestknopf an seinem Kleidchen.

Einige seiner Altersgefährten flatterten vorüber, sahen ihn scheu an, sagten aber nichts. Etwas entfernt von ihm blieben sie stehen, streckten die Köpfe zusammen und tuschelten. Die 2000 und mehrjährigen Engel, die leise psalmodierend vorbeiwandelten, achteten seiner nicht. Warf aber einer zufällig einen Blick auf ihn, so entlockte ihm der Protestknopf lediglich ein abgeklärtes Lächeln.

Doch dann erschien der Engel, der bereits 4803 Jahre alt war, und der den kleinen Engeln ihre Aufgaben zuwies. Mit flammendem Auge durchbohrte er den kleinen Engel. Dieser hielt seinem Blick stand, ja er wölbte sogar herausfordernd die Brust mit dem Protestknopf.

„Was tust du hier?“ fragte der große Engel. „Ich protestiere“, sagte der kleine Engel. „Weil ich das Weihnachtsfest, wie es auf

Erden gefeiert wird, hasse. Weil dieses Fest nicht zur Ehre unseres lieben Herrn gefeiert wird, sondern zur Ehre und vor allem zum Vergnügen der Menschen. Und weil ...", fügte er plötzlich etwas kleinlaut hinzu, „weil ich nicht so geschickt bin, um den Menschen in dieser Zeit wirklich hilfreich beizustehen. Ich werde meinen Dienst in der Weihnachtszeit nicht tun."

„Aha", sagte der große Engel und sah weiter auf den kleinen herab. Nach einer Weile fragte er: „Wo bist du eingesetzt?"

„Am selben Ort wie letztes und vorletztes und vorvorletztes Jahr, in der Kirchengemeinde ‚Bonifatius' der Stadt Zürich."

„Was gefällt dir denn da nicht? Rede!"

„Seit zwei Jahren haben sie ein Kirchengemeindehaus."

„Das ist doch schön. Jetzt können sich die Gläubigen würdig versammeln", sagte der große Engel. Aber der kleine dachte, wie weltfremd doch diese alten Engel sind. Keine Ahnung haben sie, wie bunt und lebhaft es in einem Kirchengemeindehaus zugeht. Kennen sie wirklich den neuen Trend der Kirche nicht, wonach es keine kirchlichen Bauten mehr geben darf, die zuwenig „Umsatz" machen? Laut sagte er: „Seit sie das Kirchengemeindehaus haben, machen sie viel mehr Veranstaltungen. Auch weltliche Gruppen versammeln sich dort. Und in der Weihnachtszeit ist es am schlimmsten. Jede Gruppe hat ihr eigene Adventsfeier."

„Das ist doch schön", sagte der große Engel wieder, „was paßt dir eigentlich nicht?"

Jetzt oder nie, dachte der kleine Engel und holte tief Atem:

„Im Kirchengemeindehaus sind im Dezember beinahe an jedem Abend Veranstaltungen. Wenn keine sind, dann werden solche vorbereitet. Denn alle wollen in der Adventszeit festlich zusammenkommen. Und alle wollen Tee trinken zur Gemütlichkeit. Die Frau Sigristin zum Beispiel hat in dieser Zeit immer furchtbare Angstträume. Sie träumt von Tassen, Löffeln und Teekrügen. Einmal hat sie im Traum zu viele Tassen und zu viel Tee bereit, und es kommt kein Bein. Oder sie hat zu wenig Tee gekocht, und die Leute strömen in rauhen Mengen. Nachts schreckt sie auf und ruft: Wo sind die Tassen, wo sind die Löffel? Und ihr Mann muß aufstehen und ihr heiße Milch machen, damit sie sich beruhigt. Dann hat sich letztes Jahr die Gemeindehelferin beim Aufhängen von Tannenzweigen den Fuß verstaucht. Sie fiel von der Leiter. Ich kam leider zu spät. Und eine Helferin, die ebenfalls den Saal dekorieren wollte, schlug sich mit dem Hammer auf den Daumen. Und dann die Sache mit der Katze des Hilfssigristen! Da haben die kleinen Pfarrersbuben, während ihre Mutter mit den Frauen feierte, dem Tier ein Kerzlein an den Schwanz gebunden und angezündet. Der Schwanz der Katze wurde versengt. Was dieser Schwanz alles nach sich gezogen hat! Der Tierschutzverein drohte mit dem ‚Blick', und es gab Kirchenaustritte." Der kleine Engel machte eine Verschnaufpause.

Es hatten sich mittlerweile noch andere Engel eingefunden, die alle dem kleinen zuhörten. „Ja, ja, so ist es, solche Sachen passieren in der Adventszeit", rief auf einmal einer der Altersgefährten des kleinen Engels. „Ein Graus, ein Graus!" riefen nun durcheinander mindestens ein Dutzend Engel.

Der kleine Engel mußte seine Stimme ordentlich aufdrehen, damit er noch verstanden wurde: „Und die Kirchenchor-, Töchterchor- und Posaunenchor-Dirigenten hetzen wie die armen Seelen von Probe zu Veranstaltung und haben furchtbaren Ärger, weil nie alle Mitglieder da sind. Und alle Organisatoren der verschiedenen Veranstaltungen müssen in langen Debatten entscheiden, was an den Feiern gegessen werden soll. Ob Bratwürste, Birnenweggen, Weihnachtsguetsli oder was. Das gibt Mißstimmungen. Denn die einen wollen das Geld der Entwicklungshilfe geben, die anderen aber wollen selber essen."

„Hört, hört", rief da der Engel, der für die Domäne Indien zuständig war. „Sorgen habt ihr! Die möchten wir auch haben! Wir zerbrechen uns den Kopf, wie wir unsere Leute auch nur einigermaßen satt kriegen könnten. Und bei euch wird darüber gestritten, was ihr essen wollt, wenn ihr gar keinen Hunger habt."

„Eine Schande ist das", riefen die Engel von Sizilien, Vietnam, Tunesien, Biafra, Tschechoslowakei und anderen Domänen und schlugen erregt mit den Flügeln. „Wenn das wahr ist, was der kleine Engel sagt, dann ist das Weihnachtsfest eine Schande, eine Schande!"

So entstand ein großer Tumult. Und auf einmal riefen alle Engel: „Die Ehre Gottes wird mit Füßen getreten. Wir protestieren gegen solche Weihnachtsfeste. Wir protestieren!"

„Ruhe jetzt!" befahl der große Engel. „Ich mache darauf aufmerksam, daß wir hier keine Autoritätskrise haben werden."

Allmählich beruhigten sich die Engel. „Ich sehe", sagte dann der große, „daß es euch um die Ehre Gottes geht. Nach euren Beobachtungen wird sie in der Weihnachtszeit mit Füßen getreten. Ich schenke euch Glauben. So erhaltet denn eine neue Aufgabe für die diesjährige Weihnachtszeit: Rettet die Ehre Gottes! Sucht die Menschen, die dasselbe wollen wie wir. Es sind mehr, als ihr ahnt. In all diesem Weihnachtsbetrieb und Wirbel gibt es Menschen, die im verborgenen Liebe und Güte üben und so Gott die Ehre geben. Stärkt all denen den Rücken. Macht ihnen Mut. Die andern aber laßt an ihren Festen verzweifeln."

„Amen", riefen die Engel. „Amen!" Weit breiteten sie die Schwingen aus und flogen davon. Nur der kleine Engel blieb stehen und sah strahlend zu dem großen auf. „Ich protestiere nicht mehr. Ich tue meinen neuen Dienst", sagte er, riß sich den Protestknopf vom Kleidchen und warf ihn weit weg.

Zuerst langsam, dann immer schneller fiel der Knopf durch die Wolken, durch die Himmel, erdwärts und landete taumelnd auf der Bahnhofstraße. Vor den Füßen einer Frau. Die Frau hatte viele Weihnachtspakete bei sich. Sie blieb stehen, bückte sich und hob den Knopf auf. „I hate Christmas", las sie verwundert. Neugierig richtete sie die Augen empor zu den Häuserfassaden, um zu sehen, aus welchem Fenster dieser merkwürdig glänzende und schimmernde Protestknopf wohl herausgeworfen worden sei. Aber sie sah kein offenes Fenster. Und daß er geradewegs aus dem Himmel heruntergefallen war – daran dachte sie natürlich nicht.
(Margrit Studer, Kirchenbote der reformierten Landeskirche des Kantons Zürich, 1969.)

Backrezepte für die Advents- und Weihnachtszeit

Mokkaplätzchen

50 g bittere Schokolade
125 g Butter oder Margarine
125 g Zucker
1 Päckchen Vanillinzucker
1 Ei
2 Eigelb
125 g Mehl
125 g Speisestärke
2-3 EL Dosenmilch
100 g Puderzucker
1 TL Instantkaffee
1¹/₂-2 EL Wasser
100 g Schokoladenmokkabohnen
Fett für das Blech

Ausreichend für ca. 800 g Gebäck

Schokolade fein reiben. Butter mit Zucker, Vanillinzucker, Ei und Eigelb mit dem Quirl gut schaumig rühren. Dann nacheinander Mehl, Stärke und Schokolade daruntergeben. Den Teig entweder mit einem Teelöffel oder mit einem Spritzbeutel mit großer, glatter Tülle tupfenweise auf ein gefettetes Backblech geben.
Auf der obersten Schiene bei 200 Grad ca. 10 Minuten goldbraun backen. Auf einem Rost auskühlen lassen.
Aus Puderzucker, Pulverkaffee und heißem Wasser einen glatten Mokkaguß rühren, die Plätzchen damit bepinseln. Jeweils eine Schokoladenmokkabohne daraufsetzen.

Sterntaler

400 g Mehl
1 gestr. TL Backpulver
200 g Zucker
2 Päckchen Vanillinzucker
1 Prise Salz
1 Ei
200 g Butter oder Margarine
3 EL dunkler Kakao
2 EL Rum
Mehl zum Ausrollen
Fett für die Bleche

Das mit Backpulver gemischte Mehl auf die Arbeitsplatte geben, in die Mitte Zucker, Vanillinzucker, Salz und Ei geben. Das kalte Fett in Flöckchen auf dem Mehlrand verteilen. Alle Zutaten mit einem Messer gut verhacken, dann rasch zum glatten Teig verkneten. Die Hälfte des Teigs mit Kakao, der mit Rum verrührt wurde, dunkel färben.
Den Teig portionsweise ausrollen und Sterne gleicher Größe dicht aneinander ausstechen. Auf gefetteten Backblechen auf der obersten Schiene im vorgeheizten Backofen

4 EL Johannisbeergelee

Ausreichend für ca. 900 g Gebäck

(180 Grad) nicht zu dunkel backen.
Wahlweise jeweils auf die Mitte der Unterseite eines hellen oder dunklen Sterns etwas Marmelade geben, dann zwei Sterne unterschiedlicher Farbe so aufeinanderkleben, daß dadurch die doppelte Strahlenzahl entsteht.

Gebrannte Mandeln

250 g Zucker
1/2 l Wasser
1 Päckchen Vanillinzucker
1/2 TL Zimt
250 g Mandeln
1 EL Rosenwasser
1 TL Öl

Ausreichend für ca. 500 g

Zucker und Wasser in einem Stieltopf zu Sirup kochen. Dann Vanillinzucker, Zimt und ungeschälte Mandeln zufügen. Unter ständigem Rühren die Mischung so lange kochen, bis sie bröckelig zu werden beginnt. Kurz von der Kochstelle nehmen, das Rosenwasser dazugeben und sofort wieder auf die Heizplatte stellen, so daß der Zucker erneut schmilzt. Sowie die Mandeln nun zu krachen beginnen und sich mit dem Zucker verbinden, von der Kochstelle nehmen, kurz weiterrühren, dann auf ein mit Öl bepinseltes Grillblech oder Kunststoffbrett geben, dabei so flach wie möglich ausbreiten. Nach dem Erkalten auseinanderbrechen.
Nach dem Erkalten müssen sie unbedingt in fest verschließbare Gefäße abgepackt werden, weil sonst die Zuckerhülle klebrig wird.

Spekulatius

500 g Mehl
250 g Butter
500 g Zucker
3 Eier
abgeriebene Schale von
1 Zitrone
2 g Zimt
1 Prise Nelken
1 TL Backpulver

Mehl und Butter am Brett abbröseln – etwas Mehl zurücklassen – dann Zucker, Eier und Gewürze einarbeiten. Über Nacht ruhen lassen. Am anderen Tag das restliche, mit dem Backpulver vermischte Mehl einkneten. Den Teig messerrückendick ausrollen. Beliebige Formen ausstechen, auf ein leicht gefettetes Blech legen und im vorgeheizten Rohr bei mäßiger Hitze backen.

Und Maria sprach:
Meine Seele erhebt den Herrn,
und mein Geist freut sich Gottes, meines Heilandes;
denn er hat die Niedrigkeit seiner Magd angesehen.
Siehe, von nun an werden mich selig preisen alle Kindeskinder.
Denn er hat große Dinge an mir getan,
der da mächtig ist und dessen Name heilig ist.

Lukas 1,46-49

Ich sehe dich mit Freuden an
und kann nicht satt mich sehen;
und weil ich nun nichts weiter kann,
bleib ich anbetend stehen.
O daß mein Sinn ein Abgrund wär
und meine Seel ein weites Meer,
daß ich dich möchte fassen!

Paul Gerhardt (1607-1676)

Heilige in evangelischer Sicht sind Menschen, die es uns leichter machen zu glauben. *Nathan Söderblom*

Gestern habe ich geschrieben, daß Maria meine Bewunderung nicht möchte. Heute fällt sie mir mit diesen Worten in den Rücken! „Von nun an werden mich selig preisen alle Kindeskinder!" – Da hab ich's nun! Aber ich wußte natürlich, daß sie das gesagt hat. Dennoch bleibe ich dabei: Maria will nicht unsere Verehrung.

Nein, es ist nicht so, daß ihr die hohe Berufung zu Kopf gestiegen ist. Nein, es ist nicht so, daß sie in Sachen Verehrung eine „eigene Firma" eröffnet hat. In Konkurrenz mit ihrem Sohn.

Wer konnte sie nur so mißverstehen?

Man wird sie glücklich preisen – sie hat uns ja den Heiland geboren! Wir dürfen in Dankbarkeit ihrer gedenken – und von ihr lernen. Doch schon hier tritt sie in Demut zurück in die Reihe derer, die Gott anbeten: „Meine Seele erhebet den Herrn, und mein Geist freuet sich Gottes, meines Heilandes!"

Sie will uns mit hineinnehmen in diese Anbetung. So gesehen ist sie eine echte Heilige, eine evangelische Heilige!

*

Weihnachtslied

Wer warst du, Herr, vor dieser Nacht?
Der Engel Lob ward dir gebracht.
Bei Gott warst du vor aller Zeit.
du warst der Glanz der Herrlichkeit.
Beschlossen war in dir, was lebt.
Geschaffen ward durch dich, was webt.
Himmel und Erde ward durch dich gemacht.
Gott selbst warst du vor dieser Nacht.

Wer war ich, Herr, vor dieser Nacht?
Des sei in Scham und Schmerz gedacht.
Denn ich war Fleisch und ganz verderbt,
Verloren und des Heils enterbt.
Erloschen war mir alles Licht.
Verfallen war ich dem Gericht.
Ich, dem Gott Heil und Gnade zugedacht,
War Finsternis und Tod und Nacht.

Wer wardst du, Herr, in dieser Nacht?
Du, dem der Engel Mund gelacht,
Dem nichts an Ruhm und Preis gefehlt,
Hast meine Strafe dir erwählt.
Du wardst ein Kind im armen Stall
Und sühntest für der Menschheit Fall.
Du, Herr, in deiner Himmel höchster Pracht
Wardst ein Gefährte meiner Nacht.

Wer ward ich, Herr, in dieser Nacht?
Herz halte still und poche sacht.
In Gottes Sohn ward ich ein Kind.
Gott ward als Vater mir gesinnt.
Noch weiß ich nicht: Was werd' ich sein?
Ich spüre nur den hellen Schein.
Den hast du mir in dieser heil'gen Nacht
An deiner Krippe, Herr, entfacht.

Jochen Klepper

Moppen oder Pflastersteine

300 g Mehl
250 g Zucker
2 Eier
je 1 Prise Zimt und Nelken
10 g Pottasche in 2 EL Milch aufgelöst
Zum Verzieren:
50 g Haselnüsse oder Mandeln

Eier und Zucker schaumig rühren. Die übrigen Zutaten daruntergeben. Aus dem Teig nußgroße, gleichmäßige Kugeln formen, diese auf ein gefettetes, bemehltes Blech setzen, etwas flachdrücken und mit einer halben Nuß oder geschälten Mandeln belegen. Die Plätzchen nicht zu eng setzen, da sie etwas auseinanderlaufen. Im vorgeheizten Rohr bei Mittelhitze backen.

Und seine Barmherzigkeit währt von Geschlecht zu Geschlecht
bei denen, die ihn fürchten.
Er übt Gewalt mit seinem Arm
und zerstreut, die hoffärtig sind
in ihres Herzens Sinn.
Er stößt die Gewaltigen vom Thron
und erhebt die Niedrigen.
Die Hungrigen füllt er mit Gütern
und läßt die Reichen leer ausgehen.
Er gedenkt der Barmherzigkeit
und hilft seinem Diener Israel auf,
wie er geredet hat zu unsern Vätern,
Abraham und seinen Kindern in Ewigkeit.

Lukas 1,50-55

Jauchzet, ihr Himmel, frohlocket, ihr Engel in Chören.
Singet dem Herren, dem Heiland der Menschen, zu Ehren.
Sehet doch da: Gott will so freundlich und nah
zu den Verlornen sich kehren.

Gerhard Tersteegen (1697-1769)

M*ein vergangenes Leben ist übervoll von Gottes Güte, und über der Schuld steht die vergebende Liebe des Gekreuzigten.*
Dietrich Bonhoeffer

Umsturz, Revolution, soziale Gerechtigkeit! Das ist ein Dreiklang, den manche Zeitgenossen nur zu gern aus diesem Text des Magnifikat heraushören. Dieser Jesus paßt in ihr Konzept. Mit dem läßt sich etwas anfangen. Gewaltfreie Aktionen? – Die führen doch zu nichts. Die „herrschende Klasse“ versteht nur die Sprache der Gewalt!

Die Kirche ist offenbar auf dem richtigen Kurs, wenn sie mehr zu den revolutionären Zellen, den Alternativlern, den Systemveränderern, den Friedensdemonstranten hält. Dann erst steht sie richtig auf der Seite Jesu. Dann erst hat sie das Evangelium verstanden. Schließlich steht es hier schwarz auf weiß: „Er übt Gewalt ... er stößt die Gewaltigen vom Stuhl ..."

Wenn man will, kann man alles mißverstehen. Man kann es nach seinen Wünschen und Bedürfnissen „einrichten", passend machen. Daß diese Aussagen aber eingerahmt sind vom Wort der Barmherzigkeit – das übersieht man geflissentlich.

Freilich: Mit Weihnachten, mit dem Kommen Jesu hat wirklich eine Revolution eingesetzt. Ganz massiv! Ein Umsturz, der auf der Liebe beruht. Auf die Vorzeichen kommt es an!

*

Es war einmal ein Tannenbaum ...

Er ließ keine Gelegenheit verstreichen, bei der er nicht darauf aufmerksam machte, daß es sich bei ihm nicht um einen „gewöhnlichen" Tannenbaum handelte. Überhaupt schätzte er es nicht, mit dem Wort „Baum" ergänzt und somit in die maskuline Linie eingereiht zu werden. Er war eine „Sie", eine Tanne. Wenn der Name „Tanne" mit einer zusätzlichen Kennzeichnung ergänzt werden sollte, dann allenfalls mit dem für sie wichtigen Wörtlein „blau". Sie war eine gebürtige Blautanne, also vornehmer Herkunft. Sie konnte recht pikiert sein, wenn jemand sie den gewöhnlichen Rottannen zuordnete. So etwas passierte natürlich nur einem totalen Laien. Wer selbst zum Pöbel gehört, kennt halt nur seinesgleichen.

Sie war also eine Blaublüterin, eine Adlige, die sich nebst ihrer edlen Herkunft durch eine traumhafte Schönheit auszeichnete.

Es liegt geradezu auf der Hand, daß ihresgleichen nicht – wie z.B. die gewöhnlichen Rottannen – wälderweise herumstanden. Es waren ihrer nur wenige, die wohlgepflegt und wohlbehütet im Park einer Villa wuchsen, aber nicht allzuweit entfernt von einem Tannenwald, einem Jungforst von wenigen Lenzen.

Auf diesem Hintergrund hob sich die Blautanne erst recht vorteilhaft ab. Und nicht nur das: Sie konnte mit eigenen Augen das Werden und Vergehen der gewöhnlichen Tannen mitverfolgen. Jedes Jahr im Winter wurden große Mengen Rottannen abgesägt für den Weihnachtsmarkt. Bei der Blautanne klang das Wort fast wie „Sklavenmarkt". Und die Praxis ließ ja auch gewisse Vergleiche zu. Nicht auszudenken, wenn solches ihrem edlen Geschlecht widerfahren würde!

In einer der letzten Nächte vor Weihnachten geschah dann das Entsetzliche! Zwei Männer, die im Tannenwald kostenlos einen Baum schlagen wollten, entdeckten die Blautanne der Parkanlage. Ein kurzes sägendes Geräusch, und schon wanderte die Blautanne mit den Männern stadteinwärts. Alles Aufbegehren half ihr nichts. Dicke Harztränen rannen ihr am Stamm herunter. Es waren nicht Tränen des Schmerzes oder der Trauer, daß sie nun ein Weihnachtsbaum werden sollte. Es waren Tränen gekränkter Eitelkeit. Daß ihr das passieren mußte.

Erst nach und nach konnte sie sich innerlich fangen. Da wurde ihr bewußt, daß sie ihr Schicksal mit unzähligen anderen Tannen teilte. Was hatte ihr das Recht gegeben zu glauben, daß sie etwas Besonderes sei?

Plötzlich schämte sie sich über ihr bisheriges Verhalten. In ihrem Herzen bat sie alle Rottannen um Verzeihung. – Als am Heiligabend an ihr die Kerzen erstrahlten, lag auch auf ihr ein Glanz stiller Zufriedenheit.

Und sein Vater Zacharias
wurde vom heiligen Geist erfüllt,
weissagte und sprach:
Gelobt sei der Herr, der Gott Israels!
Denn er hat besucht und erlöst sein Volk
und hat uns aufgerichtet eine Macht des Heils
im Hause seines Dieners David.

Lukas 1,67-69

Herr, der du Mensch geboren wirst,
Immanuel und Friedefürst,
auf den die Väter hoffend sahn,
dich Gott, mein Heiland, bet ich an.
Du, unser Heil und höchstes Gut,
vereinest dich mit Fleisch und Blut,
wirst unser Freund und Bruder hier,
und Gottes Kinder werden wir.

Christian Fürchtegott Gellert (1715-1769)

Um uns zu retten, ist Gott zu uns gekommen, hat sich unter uns gemischt, hat mit uns gelebt, in vertrautestem und engstem Kontakt. Dementsprechend müssen auch wir, um für das Heil der Menschen zu arbeiten, zu ihnen gehen, uns unter sie mischen, mit ihnen in vertrautem und engem Kontakt leben.

Charles de Foucauld

Ich hörte von einer wohlhabenden Dame, die einen namhaften Betrag ihres Vermögens zur Verfügung stellte, um in den Elendsverhältnissen eines Asozialenreviers etwas die Not zu lindern, den Kindern vor allem zu helfen, damit sie nicht auch noch der Kriminalität verfielen. Eine anerkennenswerte und ehrenswerte Hilfeleistung! Viele andere kannten auch das Elend, aber sie griffen nicht ein.

Eins aber hat diese Dame energisch abgewiesen: Sie wollte selbst nie die Elendsquartiere besichtigen. Sie konnte sich dazu einfach nicht überwinden. Nun, man kann das verstehen. – Sie hat ja wirklich viel Gutes getan!

Mutter Teresa und mit ihr viele andere – Bekannte und Unbekannte – haben ihr Leben in die Arbeit unter den Ärmsten eingebracht, haben sich die Hände schmutzig gemacht und haben angepackt. Sie wurden identisch mit denen, die sich auf der Schattenseite des Lebens befinden.

Doch selbst das sind – bei aller Hingabe des Lebens – nur schwache Vergleiche für das, was Jesus für uns alle getan hat. Dabei hatte auch er keine Berührungsängste, ist er Mensch geworden wie wir. Er hat den Sumpf der Verlorenheit nicht gemieden, um uns herauszuholen. „Er hat besucht und erlöst sein Volk."

Dieser Besuch war aber keine Stippvisite. Kein Besuch, bei dem man nicht einmal den Mantel auszieht, weil man so schnell wie möglich wieder aufbrechen will.

Der Hymnus in Philipper 2,5-11 gibt uns einen Eindruck vom „Besuch Jesu" bei uns Menschen.

*

Weihnachtswünsche

Eine Lehrerin hat in den Tagen vor Weihnachten die „Wünsche ihrer Kinder" zusammengefaßt und in einem Leserbrief in der Tageszeitung veröffentlicht:

Was man auch noch fordern könnte ...

Betroffen von Gesprächen mit verschiedenen Kindern möchte ich versuchen, diesen mit leisen und stockenden Stimmen erhobenen Anliegen ein wenig Gehör zu verschaffen.

Die Kinder fordern nicht noch mehr von allem, sondern sie wünschen sich ausgesprochen weniger. Weniger Streit, weniger böse Worte, weniger Beschimpfungen, weniger Angst. Sie möchten weniger krank sein, weniger zum Arzt, zum Spezialisten oder in die Therapie gehen müssen.

Sie wünschen, daß Mami weniger raucht und nervös ist und Papa weniger fortbleibt und trinkt – oder umgekehrt. Sie möchten weniger allein gelassen werden. Sie möchten, daß ihre Eltern weniger traurig sind. Sie wünschen sich weniger Kummer.

Vielleicht haben auch Sie ähnliche Wünsche nach weniger. Ihre Erfüllung kostet kein Geld.

*

Weihnachten

Markt und Straßen stehn verlassen,
Still erleuchtet jedes Haus,
Sinnend geh ich durch die Gassen,
Alles sieht so festlich aus.

An den Fenstern haben Frauen
Buntes Spielzeug fromm geschmückt,
Tausend Kindlein stehn und schauen,
Sind so wunderstill beglückt.

Und ich wandre aus den Mauern
Bis hinaus ins freie Feld,
Hehres Glänzen, heilges Schauern!
Wie so weit und still die Welt.

Sterne hoch die Kreise schlingen,
Aus des Schnees Einsamkeit
Steigts wie wunderbares Singen –
O du gnadenreiche Zeit!

Joseph von Eichendorff

Namenstag des Apostels Thomas

Und du, Kindlein,
wirst ein Prophet des Höchsten heißen.
Denn du wirst dem Herrn vorangehen,
daß du seinen Weg bereitest,
und Erkenntnis des Heils gebest seinem Volk
in der Vergebung ihrer Sünden.

Lukas 1,76-77

Bereitet doch fein tüchtig den Weg dem großen Gast,
macht seine Steige richtig, laßt alles, was er haßt.
Macht alle Bahnen recht, die Täler all erhöhet,
macht niedrig, was hoch stehet,
was krumm ist, gleich und schlecht.

Valentin Thilo (1607-1662)

N*ach Hause kommen – das ist es, was das Kind von Bethlehem allen schenken will, die weinen, wachen und wandern auf dieser Erde.* *Friedrich von Bodelschwingh*

Eigentlich ist es eine undankbare Aufgabe, Wegbereiter zu sein. Das ganze Leben von Johannes dem Täufer war von dieser Bestimmung her geprägt. Vorläufer des Messias sollte er sein!

Wenn ich mir so eine Aufgabe konkret vorstelle – wirklich nicht begehrenswert. Nein, danke! Eine Menge Kleinkram, Hindernisse ausräumen, Mißverständnisse klären – und doch immer der zweite Mann bleiben! Wer fragt schon nach dem Diener, der alle Arbeit für den Empfang hatte? Wer dankt ihm? Nur die Herrschaften stehen im Rampenlicht.

Aber Johannes war ein Mensch, der selbst dann noch zurückwich, wenn ihn nur ein kleiner Lichtschimmer des Glanzes streifte. „Er muß wachsen, ich aber muß abnehmen!" (Joh. 3,30).

Es ging ihm wirklich um den, der nach ihm kam! Aber dieser „nach ihm" ist nicht irgendwer. Es ist der Heiland der Welt, der Retter und Erlöser. Es ist der, der die Sünden der Welt trägt!

Wegbereiter für ihn sein! – Gibt es größere Erfüllung?

Valentin Thilo lädt uns ein: „Bereitet doch fein tüchtig den Weg dem großen Gast ...!"

*

Thomas

Dreimal wird der Apostel Thomas im Neuen Testament genannt. Als Jesus mit den Jüngern die grauweißen Felswände Peräas im Ostjordanland hinaufstieg, nachdem er auf dem Tempelfest den Pharisäern gerade noch entronnen war – sie hatten im Bauschutt rings um den Tempel nach Steinen gesucht, um ihn für das nach ihrer Meinung gotteslästerliche Wort zu strafen: „Ich und der Vater sind eins" –, als der Bote kam, um den Herrn nach Betanien zurückzurufen, den todkranken Lazarus zu retten, und die Mehrzahl der Jünger Jesus bestürmte, nicht umzukehren, sprach Thomas: „Lasset uns mit ihm ziehen, damit wir mit ihm sterben." Mit einer fast schwermütigen Liebe, einer Ergebung, Entsagung und Treue, die auch angesichts des Todes nicht wankt, spricht er sein Wort vom Mitziehn, Mitleiden und Mitsterben, das im Kirchenlied weiterklingt: „Lasset uns mit Jesus ziehen, seinem Vorbild folgen nach!"

Im Abendmahlssaal hatte Jesus die Jünger getröstet: „Wo ich hingehe, das wißt ihr, und den Weg wisset ihr auch." Wie wenn er sich von dem hohen Flug der Gedanken und der Leuchtkraft der Bilder nicht mitreißen lassen wollte, traf Thomas die ernüchternde Feststellung: „Herr, wir wissen nicht, wohin du gehst, und wie sollen wir den Weg wissen?" Ihm wurde die Antwort, die auch uns Wegweisung sein will: „Ich bin der Weg, die Wahrheit und das Leben; niemand kommt zum Vater denn durch mich."

Zum drittenmal nennt *Johannes* den Apostel im Zusammenhang mit dem Ostergeschehen. Thomas wollte die Osterbotschaft nur glauben, wenn er die Wundmale sehen und betasten könnte. Ihm wurde zuteil, was er begehrte, und überwältigt sprach er das kürzeste Glaubensbekenntnis: „Mein Herr und mein Gott!“ Sein suchendes Fragen und seliges Finden machen ihn geeignet, vor dem Fest der Menschwerdung zu stehen, sagt Wilhelm Löhe. Ans Tor der Weihnacht gestellt, will er uns das Geheimnis fassen lehren: Gott ist offenbart im Fleisch! – Nach der Ausgießung des Heiligen Geistes gelangte Thomas nach Persien und Indien. Sein apostolisches Wirken im Reich des Königs Gundaphar gilt als sicher. Nach der Überlieferung hat er in Mailapur, einer Vorstadt des heutigen Madras, mit dem Martertod das Wort der Treue von Peräa besiegelt: „Laßt uns mit ihm ziehen, damit wir mit ihm sterben.“
(Aus: Jörg Erb, „Geduld und Glaube der Heiligen“.)

*

Sieh nicht an, was du selber bist
in deiner Schuld und Schwäche!
Sieh den an, der gekommen ist,
damit er für dich spreche!
Sieh an, was dir heut' widerfährt,
heut', da dein Heiland heimgekehrt,
dich wieder heimzubringen
auf adlersstarken Schwingen!

Glaubst du auch nicht, bleibt er doch treu.
Er hält, was er verkündet.
Er wird Geschöpf – und schafft dich neu,
den er in Unheil findet.
Weil er sich nicht verleugnen kann,
sieh ihn, nicht deine Schuld mehr an.
Er hat sich selbst gebunden.
Er sucht – du wirst gefunden.

Siehe nicht mehr an, was du auch seist!
Du bist dir schon entnommen.
Nichts fehlt dir jetzt, als daß du weißt:
Gott selber ist gekommen!
Und er heißt Wunderbar, Rat, Kraft,
ein Fürst, der ew'gen Frieden schafft.
Dem Anblick deiner Sünden
will er dich selbst entwinden.

Jochen Klepper (1903-1942)

*

Was hilft uns alle Weihnacht hier auf Erden,
wenn wir nicht in uns neu geboren werden?
Was hilft uns alles Singen vor der Krippe,
wenn es nichts andres ist als Lied der Lippe?
Es liegt die Welt voll Wunden und voll Schwären.
Oh, daß wir alle dessen inne wären
und nicht nur Lieder brächten, helle Kerzen,
sondern die Herzen öffneten, die Herzen!
Den Hirten gleich, die in der heil'gen Nacht
zu Bethlehem sich selber dargebracht.
Und war auch ihre Andacht nur ein Lallen,
so hat es Gott im Himmel wohlgefallen.
Denn alles Frommsein keimt im Herzen innen.
Oh, mög' die große Weihnacht bald beginnen!

Hermann Claudius

4. Advent

Siehe, ich stehe vor der Tür
und klopfe an.
Wenn jemand meine Stimme hören wird
und die Tür auftun,
zu dem werde ich hineingehen
und das Abendmahl mit ihm halten
und er mit mir.

Offenbarung 3,20

Ich klopfe an zum heiligen Advent
und stehe vor der Tür.
O selig, wer des Hirten Stimme kennt
und eilt und öffnet mir!
Ich werde Nachtmahl mit ihm halten,
ihm Gnade spenden, Licht entfalten.
Ich klopfe an.

Karl Gerok (1815-1890)

Wichtig ist, daß wir nicht nur Advent feiern, sondern immer im Advent leben.

Heute feiern wir bereits den 4. Advent. Wie vier mächtige Glockenschläge ertönt die Botschaft vom Advent durchs Land:

Er kommt! – Er kommt! – Er kommt! – Er kommt!

Es ist Jesus, der kommt.

Er kam vor fast zweitausend Jahren als der erwartete und doch verkannte Messias in diese Welt. Er kommt heute in unsere Zeit und Welt mit seinem Angebot der Hilfe und Rettung. Er kommt heute zu dir und mir, ganz persönlich. Er will verändernd unser Leben gestalten.

Und er wird wiederkommen! Kommen als Sieger und Herr. Als der Allherrscher, der Pantokrator! Denn ihm ist gegeben alle Gewalt im Himmel und auf Erden. Die Zeichen auf der Weltenuhr stehen auf Ankunft!

Stehen sie in unserem Leben auf Empfang?

Es ist wirklich so: „Wichtig ist, daß wir nicht nur Advent feiern, sondern im Advent leben!"

*

Wenn die Glocken wieder schallen!

Heinrich Wiesner saß in seinem Lehnstuhl, den er sich ganz nahe ans Fenster geschoben hatte. Er genoß den Ausblick über die nahen Felder bis hin zum Waldrand. Von der Dorfkirche ragte nur noch der Glockenturm in seinen Bildausschnitt. Aber das genügte ihm. Die Kirche hatte nie eine Rolle gespielt in seinem Leben. Ganz anders die Glocken!

In diesem Augenblick erklang der dumpfe Ton der Elf-Uhr-Glocke. Schon bald würde es im Hause gongen und die Pensionäre des Alters- und Pflegeheimes zum Essen einladen.

Heinrich Wiesner konnte noch recht ordentlich gehen. Ihm mußte man sein Essen nicht auf das Zimmer bringen.

Wieder streifte sein Blick zum Fenster hinaus. Herbst. Die Bäume des Waldes hatten ihr buntes Kleid angezogen. Doch nicht dem Herbstwald galt das Interesse des Mannes. Sein Blick drang hindurch in weite Ferne. Der Klang der Glocken hatte in ihm etwas wachgerüttelt. Schon als Kind hatte er fasziniert dem Glockenklang gelauscht. Besonders den Weihnachtsglocken. Bald schon würden sie wieder erklingen. Doch es lagen Jahre dazwischen, da hatte er ihr Klingen einfach nicht gehört, überhört! Wieviel war verdeckt, verschüttet in seinem Leben. Wie vieles, woran er am liebsten nicht mehr denken wollte. Aber in letzter Zeit war es immer wieder aufgebrochen. Bilder waren aufgestiegen, die er längst vergessen glaubte.

Er würde es sagen müssen. Ja, jetzt war es ihm ganz klar. Ob er es jetzt tun würde? Aber würde Herr Berger jetzt Zeit haben? Jetzt, vor dem Mittagessen? Die Ungeduld des Alters, die unter Zeitdruck zu stehen scheint, drängte auch in Heinrich Wiesner. Er drückte den Knopf der Klingel, und kurz darauf erschien Schwester Erika in seinem Zimmer.

„So, Herr Wiesner, Sie haben wohl schon Hunger? Es dauert nicht mehr lange. Aber wollen Sie denn nicht in den Speisesaal kommen? Oder ist Ihnen nicht gut?"

„Ich muß Herrn Berger sprechen", stieß er hervor, ohne auf die Worte von Schwester Erika einzugehen. „Herr Berger soll bitte zu mir kommen!"

„Aber Herr Berger ist im Moment sehr beschäftigt. Er kann nicht einfach von seiner Arbeit fortlaufen", erwiderte Schwester Erika.

„Herr Berger soll kommen!" – Jetzt kam diese Aufforderung schon etwas lauter und energischer.

Schwester Erika lenkte ein. „Ich will es ihm sagen. Vielleicht macht er es ja doch noch möglich."

Im Büro des Heimleiters sagte Schwester Erika zu ihrem Chef: „Die alten Leute meinen auch, daß alle sofort springen müssen, wenn sie einen Wunsch haben."

„Lassen Sie es nur gut sein", beschwichtigte Erich Berger seine Stationsschwester. „Herr Wiesner ist nicht ein Mensch, der ohne Grund nach mir ruft. Er muß ein wichtiges Anliegen haben."

Erich Berger erhob sich und ging zum Zimmer von Heinrich Wiesner. Eigentlich wußte er wenig von diesem Mann, obwohl er schon einige Jahre in ihrem Heim war. Ihm war nur bekannt, daß der wohlhabende Achtundsiebzigjährige einen eigenen Fabrikbetrieb geleitet hatte. Jedenfalls hatte er sich damals sofort eines der teuersten Zimmer ausgewählt. Erich Berger wußte auch, daß Herr Wiesner Schwierigkeiten mit dem Alkohol hatte. Noch jetzt brach das immer wieder mal durch. Aber das war auch schon alles. Heinrich Wiesner hatte eine Mauer des Schweigens um sein Leben aufgebaut.

Herr Berger klopfte an der Zimmertür – trat aber sofort ein, ohne ein „Herein" abzuwarten.

„Guten Tag, Herr Wiesner, wo brennt's denn?"

„Gut, daß Sie gekommen sind!" sagte Heinrich Wiesner, ohne seinerseits den Gruß zu erwidern.

Es scheint wirklich „zu brennen", dachte Erich Berger.

Mit dem Finger wies Heinrich Wiesner auf den Stuhl, der noch im Zimmer stand. Wie ein folgsamer Junge nahm Herr Berger Platz.

„Ich muß – ich muß Ihnen etwas erzählen aus meinem Leben!"

Und das ausgerechnet jetzt vor dem Mittagessen, ging es Erich Berger durch den Kopf. Doch er sagte nichts. Vielleicht würde sich dann die gerade so zaghaft geöffnete Tür wieder schließen, die Tür zur Vergangenheit.

„Na, dann schießen Sie mal los!" sagte Herr Berger. Es sollte ungezwungen klingen und Herrn Wiesner Mut machen. Denn daß nun Dinge an den Tag kommen würden, die eine Last im Leben Heinrich Wiesners waren, das ahnte Herr Berger.

„Die Glocken, Herr Berger, die Glocken. Ich liebe sie. Aber manchmal sind sie auch wie Hammerschläge in meinem Herzen! Und wenn in einigen Wochen wieder die Weihnachtsglocken läuten, dann ..." – Herr Wiesner kam ins Stocken. Erneut setzte er an: „... wenn diesmal die Weihnachtsglocken läuten, dann sind es fünfzig Jahre her. Fünfzig Jahre, Herr Berger, das ist eine lange Zeit, das ist fast ein Leben lang."

Wieder hielt Heinrich Wiesner inne. Er schnäuzte sich die Nase, wischte mit dem Taschentuch über die Augen und rutschte im Sessel zurück. Jetzt konnte er gefaßt weiterreden.

„Vor fünfzig Jahren ist es geschehen. Wir waren erst einige Jahre verheiratet. Beide waren wir noch jung, sehr jung. Und innerhalb von vier Jahren war unser drittes Kind geboren. Dabei waren wir ja selbst fast noch Kinder! Verstehen Sie das, Herr Berger? Wenn Kinder Kinder kriegen ...! Es war einfach zuviel für uns. Wir schafften das nicht. Ich schaffte das nicht – und sie schaffte das nicht. Wir schrien uns gegenseitig an, machten uns Vorwürfe. Ich schlug sie auch einmal. – Geschlagen habe ich sie! Das war sonst gar nicht meine Art. Ich war damals schon der geachtete Juniorchef in der Firma. Aber es war mir alles über den Kopf gewachsen: das Geschäft, die Verpflichtungen, die Familie, die Frau ...

Und dann geschah es halt. Ich griff zum Alkohol! Nein, ich landete nie in der Gosse. Man mußte mich nie betrunken nach Hause bringen. Aber immer öfter brauchte ich einfach einen Whisky oder einen Schnaps. Und auch am Abend zu Hause – da trank ich einfach. Meine Frau machte mir Vorwürfe. Sie verachtete mich.

Kurz vor Weihnachten – der Jüngste war erst zwei Jahre alt – verließ sie mich. Ohne ein Wort zu sagen! Einfach so! Erst später merkte ich, daß auch noch ein anderer Mann im Spiele war.

Wir wurden geschieden. Sie bekam die Kinder. Aber sie wollte die Kinder nicht. Sie wollte neu anfangen. Ohne Kinder.

Die drei kamen dann in Kinderheime. Jedes an einen anderen Platz. Mir war das egal! So ein Vater war ich, Herr Berger."

Hier hielt Heinrich Wiesner inne. Doch Erich Berger unterbrach die Stille nicht. Er konnte warten. Das Entscheidende kam ja noch.

„Wissen Sie, Herr Berger, das mit den Kindern hat mich mein Leben lang belastet. Sie – ich meine die Mutter meiner Kinder – hatte wieder geheiratet. Doch ich habe niemals mehr Kontakt zu ihr gesucht. Ich wollte nicht ...! Schließlich hatte sie mich ja verlassen. Ich weiß nur, daß sie heute Witwe ist. Ich habe nie wieder eine Beziehung zu einer Frau gesucht. Ich fühlte mich untauglich für die Ehe. Ich habe versagt! Doch, doch, so ist es! Ich habe mich so durchs Leben gebracht – als Geschäftsmann, geachteter Bürger und – als heimlicher Alkoholiker.

Aber meine Kinder, Herr Berger! Die kann man doch nicht aus dem Leben verdrängen! So ein schlechter Vater bin ich trotz allem nicht. Die beiden Ältesten habe ich noch einige Male getroffen – aber sie wollen nichts von mir wissen. Endgültig!"

Herr Wiesner wischte sich mit dem Handrücken über die Augen.

„Ich muß das einfach respektieren, Herr Berger! – Aber der Jüngste – von ihm weiß ich nichts. Er war ja auch erst zwei Jahre alt. Nun sind fünfzig Jahre vergangen. Sein Schicksal hat mich nie beschäftigt, nie! Erst in den letzten Monaten, Herr Berger – ich weiß auch nicht, warum. Ob es wohl mein Alter ist? Man wird sentimentaler, nicht wahr? Wenn ich nur wüßte, ob er noch lebt! Und wie es ihm geht! Vielleicht könnte ich ihm helfen? Wieder etwas gutmachen? Sie wissen ja – an Geld fehlt es mir nicht."

Als Herr Berger aufstand und das Zimmer verließ, war das Mittagessen vorbei. Aber er hatte Herrn Wiesner das Versprechen gegeben, Nachforschungen anzustellen. Wer weiß, vielleicht ließ sich doch noch etwas klären.

Einige Telefonate mit Behörden und Kinderheimen, Einsicht und Durchsicht von Akten ergaben, daß Bernhard Wiesner, der jüngste Sohn Heinrich Wiesners, als Erwachsener in die Vereinigten Staaten ausgewandert war. Ein Brief an das Schweizerische Konsulat in New York brachte Licht in den weiteren Verlauf. Dank moderner Datenverarbeitung hatte man im Konsulat auch bald den Aufenthaltsort von Bernhard Wiesner ausgemacht. Ein Luftpostbrief mit Übergewicht brachte diesem die Nachricht von seinem alten Vater.

„Ohne in Ihre persönlichen Angelegenheiten eingreifen zu wollen, möchte ich anfragen, ob Sie nicht die Möglichkeit einer Kontaktaufnahme zu Ihrem Vater in Erwägung ziehen könnten."

Wie geschäftlich das klingt, dachte Erich Berger. Aber schließlich – er kannte diesen Mann ja nicht.

Nun mußte es Herr Berger dem Sohn überlassen, ob er etwas unternehmen wollte. Aber nein – er durfte und wollte es ganz bewußt Gott überlassen, ob in diese Beziehung zwischen Vater und Sohn noch einmal Leben kam.

Wochen waren vergangen und der Winter bereits eingekehrt. Rings um das Altersheim lag dicker Schnee. Der Kalender zeigte den 4. Advent an. Aus Amerika aber war kein Echo gekommen.

Herr Berger war enttäuscht. Er merkte, wie er Herrn Wiesner auswich.

Im Heim fand am Nachmittag die Weihnachtsfeier statt. Ein großer Lichterbaum stand im Gemeinschaftsraum und verbreitete Feststimmung. Die Mitarbeiter und Schwestern des Heimes hatten ein schönes Programm zusammengestellt. Lieder, Gedichte und Musikstücke. Auch einzelne Pensionäre beteiligten sich.

Mitten in die Feier hinein schrillte die Hausglocke. Fräulein Ruth, die Hauswirtschafterin, eilte hinaus und sah nach, wer die Feier so unliebsam unterbrach. Kurz darauf kam sie wieder in den Raum, ging zu Herrn Berger und flüsterte ihm etwas ins Ohr. Unmutig über die Störung schüttelte er den Kopf. Gerade jetzt wollte er doch ein Wort an die Anwesenden richten. Aber Fräulein Ruth flüsterte ihm nochmals etwas zu.

Herr Berger verließ den Saal. Drinnen wurde ein Weihnachtslied gesungen. Seine Frau hatte wohl spontan eine Programmänderung vorgenommen.

Draußen im Foyer stand ein Herr, stattlich und elegant, etwa fünfzig Jahre alt.

Wenige Worte und Herr Berger wußte Bescheid. Welch eine Überraschung! Welch ein Weihnachtsgeschenk für Herrn Wiesner!

Erich Berger konnte einfach nicht gefaßt und zurückhaltend reagieren. Er öffnete die Tür zum Festsaal und rief mit lauter Stimme hinein: „Herr Wiesner, Herr Wiesner! Besuch für Sie! Ihr Sohn aus Amerika ist gekommen!“

Die Ereignisse überstürzten sich. Keiner der Anwesenden wußte, was da so Außergewöhnliches passierte. Sie konnten nur sehen, wie zwei Männer aufeinander zugingen, sich ansahen – und dann in die Arme schlossen!

Heinrich Wiesner brachte keine Worte hervor. Tränen flossen ihm über sein Gesicht. Doch das störte ihn nicht. Sein Sohn war gekommen! Bernhard, sein Sohn!

Was dann zwischen den beiden gesprochen wurde – wir wissen es nicht. Fest steht: Der Vater hatte seinen Sohn, und der Sohn hatte wieder seinen Vater! Nach fünfzig Jahren!

Doch noch etwas ist geschehen. Als Weihnachten die Glocken erklangen, war ein Sohn zu seinem himmlischen Vater heimgekehrt. Es waren kleine und schwache Anfänge eines Glaubens, der durch Jahrzehnte verschüttet gewesen war.

Heinrich Wiesner hatte heimgefunden!

Nur wenige Wochen nach Beginn des neuen Jahres läuteten wieder die Glocken der nahen Kirche. Es waren keine Weihnachtsglokken. Oder doch? – Auf dem Friedhof bei der Kirche fand Heinrich Wiesner seine letzte irdische Ruhestätte. – Nun war er wirklich daheim!

(Die Geschichte beruht auf einer wahren Begebenheit – geschehen Weihnachten 1985.)

Und alsbald war da bei dem Engel
die Menge der himmlischen Heerscharen,
die lobten Gott und sprachen:
Ehre sei Gott in der Höhe
und Friede auf Erden
bei den Menschen seines Wohlgefallens.

Lukas 2,13.14

Die Engel lieblich singen, freu dich, o Christenheit;
tun gute Botschaft bringen, verkündigen große Freud.
Den Frieden sie verkünden, freu dich o Christenheit;
Vergebung aller Sünden ist uns im Stall bereit.

Krippenlied aus Österreich

Dem Friedensgesang der Engel ging die adventliche Bereitschaft der Menschen voraus. *Gertrud von le Fort*

Wenn wir an die Leitartikel und Berichte in den Tageszeitungen denken, die von Frieden, Friedensbemühungen und Abrüstung reden, wenn wir die Friedensmärsche und Protestaktionen für den Frieden zusammenzählen, die im Laufe eines Jahres stattfinden, wenn wir die Friedensbewegungen in all ihren Schattierungen auflisten, dann könnte man den Eindruck gewinnen: Weihnachten ist das ganze Jahr! Denn Weihnachten und „Liebe" gehören ebenso zusammen wie Weihnachten und „Frieden".

Allerdings müssen dazu immer wieder die Engel auf Bethlehems Fluren bemüht werden. Sind sie doch die eigentlichen Initiatoren des „Friedensgesprächs" auf dieser Erde. Allerdings – in unserer Zeit scheinen sie vollständig abhanden gekommen zu sein. Jedenfalls sind viele, die heute vollmundig vom Frieden tönen, alles andere als Engel. Daß der „Friede auf Erden" heute weniger denn je

Früchte trägt – ungeachtet aller Friedensappelle –, hängt wohl damit zusammen, daß man mißachtet und gar nicht daran denkt, die erste Bedingung der Engel zu erfüllen, dieses: „Ehre sei Gott in der Höhe!“ Diese Bedingung aber kann keine Friedens- oder sonstige Bewegung erfüllen, sondern nur jeder einzelne, du und ich. So gesehen sind nur „Adventsmenschen“ echte Wegbereiter des Friedens.

Die Geschichte des Liedes „Stille Nacht ...“

Das berühmteste aller Weihnachtslieder der Welt ist „Stille Nacht, heilige Nacht“. Die schlichten Verse werden in mehr als hundert Sprachen jährlich von unzähligen Menschen zum Weihnachtsfest angestimmt.

Die Entstehungsgeschichte dieses Liedes mutet wunderlich und fast ein wenig märchenhaft an. Als nämlich am 24. Dezember 1818 der stille, bescheidene Dorfschullehrer und Organist Franz Xaver Gruber aus Oberndorf im Salzburger Land das selbstverfaßte Gedicht des Hilfspriesters Joseph Mohr vertonte, ahnte er den späteren Siegeszug des Liedes gewiß nicht voraus. Gruber und Mohr dachten sich die Komposition eigentlich als „Notlösung“ für die

Christmette. In der armen Pfarrei Oberndorf verweigerte just in jenen vorweihnachtlichen Tagen die Orgel der Gemeindekirche ihren Dienst, und die beiden Männer planten das Musikstück als kleines Geschenk an die Dorfbewohner, das für Chor mit Gitarrenbegleitung passen sollte.

Doch lassen wir den Komponisten selbst berichten:

„Es war am 24. Dezember des Jahres 1818, als der damalige Hilfspriester Herr Joseph Mohr bei der neu errichteten Pfarrei St. Nikolo in Oberndorf dem den Organistendienst vertretenden Franz Gruber ein Gedicht überbrachte mit dem Ansuchen, die hierauf passende Melodie für zwei Solostimmen samt Chor und für eine Guitarrebegleitung schreiben zu wollen. Letztgenannter überbrachte am nämlichen Abend noch diesem musikkundlichen Geistlichen gemäß Verlangen, so wie selbe in Abschrift dem Original ganz gleich beiliegt, seine einfache Komposition, welche sogleich in der heiligen Nacht mit allem Beifall produziert wurde ..."

Daß dieses innige Lied aus dem kleinen, verschlafenen Winkel in das übrige Land hinausgetragen wurde, verdanken wir dem Orgelbaumeister Mauracher aus dem Zillertal. Er war von Text und Melodie schon nach dem ersten Hören so angetan, daß er es immer und immer wieder spielte. Und so verbreitete es sich bald talauf, talab. Im Zillertal wohnen seit eh und je musikalische und gesellige Menschen. Durch sie machte das Lied bald die Runde und wurde rasch über das enge Tal hinaus in aller Welt bekannt.
(Aus: Renate Wahr, „Das Heyne Weihnachtsbuch".)

Stille Nacht, heilige Nacht

Ursprünglicher Text

Stille Nacht, heilige Nacht!
Alles schläft! – Einsam wacht
nur das traute, heilige Paar,
das im Stalle zu Bethlehem war.
Schlaf in himmlischer Ruh'!

Stille Nacht, heilige Nacht!
Gottes Sohn! O wie lacht
Lieb aus deinem göttlichen Mund,
da uns schlägt die rettende Stund,
Jesus in deiner Geburt!

Stille Nacht, heilige Nacht!
Die der Welt Heil gebracht!
Aus des Himmels goldenen Höh'n
uns der Gnaden Fülle läßt seh'n
Jesus in Menschengestalt!

Stille Nacht, heilige Nacht!
Wie sich heute alle Macht
väterlicher Liebe ergoß,
und als Bruder huldvoll umschloß
Jesus die Völker der Welt!

Stille Nacht, heilige Nacht!
Lang uns schon bedacht,
als der Herr, vom Grimme befreit,
in der Väter urgrauer Zeit
aller Welt Schonung verhieß!

Stille Nacht, heilige Nacht!
Hirten erst kundgemacht.
Durch der Engel Halleluja
tönt es laut von fern und nah:
Jesus, der Retter, ist nah!

Heutige Fassung

Stille Nacht, heilige Nacht!
Hirten erst kundgemacht;
Durch der Engel Halleluja
Tönt es laut von fern und nah:
Christ, der Retter ist da!
Christ, der Retter ist da!

Stille Nacht, heilige Nacht!
Gottes Sohn, o wie lacht
Lieb aus deinem göttlichen Mund,
Da uns schlägt die rettende Stund,
Christ, in deiner Geburt,
Christ, in deiner Geburt!

Heiligabend

Wie nun durch die Sünde des Einen
die Verdammnis über alle Menschen gekommen ist,
so ist auch durch die Gerechtigkeit des Einen
für alle Menschen die Rechtfertigung gekommen,
die zum Leben führt.

Römer 5,18

Denn wie sie in Adam alle sterben,
so werden sie in Christus
alle lebendig gemacht werden.

1. Korinther 15,22

Als aber die Zeit erfüllt war,
sandte Gott seinen Sohn,
geboren von einer Frau und unter das Gesetz getan,
damit er die, die unter dem Gesetz waren, erlöste,
damit wir die Kindschaft empfingen.

Galater 4,4.5

Und als sie dort waren,
kam die Zeit, daß sie gebären sollte.
Und sie gebar ihren ersten Sohn
und wickelte ihn in Windeln
und legte ihn in eine Krippe;
denn sie hatten sonst keinen Raum in der Herberge.

Lukas 2,6.7

Lobt Gott, ihr Christen, allzugleich
in seinem höchsten Thron,
der heut schleußt auf sein Himmelreich
und schenkt uns seinen Sohn.

Er kommt aus seines Vaters Schoß
und wird ein Kindlein klein;
er liegt dort elend, nackt und bloß
in einem Krippelein,

entäußert sich all seiner Gewalt,
wird niedrig und gering
und nimmt an sich eins Knechts Gestalt,
der Schöpfer aller Ding.

Heut schleußt er wieder auf die Tür
zum schönen Paradeis;
der Cherub steht nicht mehr dafür:
Gott sei Lob, Ehr und Preis.

Nikolaus Hermann (1480-1561)

Die Krippe von Bethlehem bleibt aller Zeiten Wendepunkt, aller Liebe Höhepunkt, aller Anbetung Mittelpunkt, allen Heiles Ausgangspunkt.

Heiligabend

Endlich ist es soweit! Heute ist Heiligabend. Schon seit Wochen wurden Vorbereitungen getroffen, damit die Weihnachtstage zu einem Fest werden können. Ein schöner Vorrat an Weihnachtsgebäck ist da, die Räume sind geschmückt – die Gäste kommen. Wir freuen uns, das Weihnachtsfest in der Hausgemeinschaft und mit vielen Gästen zusammen zu feiern.

Doch es geht uns nicht nur um die äußerlichen Vorbereitungen. Wir selbst möchten bereit sein, den Heiland der Welt zu empfangen, ihm Raum in unserem Haus und in unseren Herzen zu schaffen.

„Komm, o mein Heiland, Jesus Christ, mein's Herzens Tür dir offen ist ...!"

Nach dem Abendessen versammeln wir uns alle im großen Foyer. Die Weihnachtsstube ist noch verschlossen. Das hat seine Bewandtnis.

Im christlichen Namenskalender stehen heute am Heiligabend ausnahmsweise zwei Namen: Adam und Eva. Die Väter der frühen Kirche haben diese beiden bewußt auf den Vorabend des Weihnachtstages plaziert. Sie wollten daran erinnern: Durch den ersten Menschen – Adam – ist die Sünde in die Welt gekommen, weil er vom Baum im Paradies aß und damit Gottes Gebot übertrat. Was aber Adam für sich und seine Nachkommen verloren hatte, das brachte der zweite Adam – Christus – wieder.

„Wie nun durch die Sünde des Einen die Verdammnis über alle Menschen gekommen ist, so ist auch durch die Gerechtigkeit des Einen für alle Menschen die Rechtfertigung gekommen, die zum Leben führt" (Röm. 5,18).

Darum gehören Adam und Eva am Heiligabend dazu!

So stehen wir nun alle vor der verschlossenen Weihnachtsstube. Ich lese die Geschichte vom Sündenfall, aber auch, was der Apostel Paulus in Galater 4 geschrieben hat: „Als die Zeit erfüllet war, sandte Gott seinen Sohn ..."

Jesus hat mit seinem Kommen den Zugang zum Vater wieder geöffnet.

Mit großer Freude vernehmen wir diese Botschaft. Und dann ertönt es froh und kräftig durch die Eingangshalle: „Heut schleußt er wieder auf die Tür zum schönen Paradeis; der Cherub steht nicht mehr dafür: Gott sei Lob, Ehr und Preis." –

Jetzt darf sich die Tür zur Weihnachtsstube öffnen. Von innen ertönt das helle Weihnachtsglöcklein. Wir sind eingeladen zum Kommen.

Das kindliche „Ah" und „Oh" ist zum Glück auch bei den Erwachsenen noch nicht verlorengegangen.

Die Kerzen am Tannenbaum leuchten hell. Das Licht der Welt ist gekommen! Es wird nie mehr dunkel sein!

Der Schmuck des Lichterbaumes ist schlicht: weiße Kerzen, Strohsterne und rotbackige Äpfel. Auch sie haben symbolische Bedeutung. Nach altem Brauch sollen die Weihnachtsäpfel eine bleiche und eine rote Seite haben, die bleiche Seite des Todes und die rote des aus Gottes Liebe quellenden Lebens.

Unter dem Weihnachtsbaum stehen aus hellem Holz geschnitzte Krippenfiguren: Maria mit dem Kinde auf dem Arm, Josef, ein Hirte mit einem Schaf, ein Weiser. Schlicht, aber eindrücklich!

Das Fest hat begonnen!

Wir singen, hören die Weihnachtsgeschichte aus dem Lukasevangelium, Flötenspiel erklingt. Doch es ist nicht dieses Vielerlei – es ist der Eine, der Mittelpunkt unserer Feier ist!

*

Programm der Festfeier am Heiligabend

Vor der Weihnachtsstube:

Lied: „Dies ist der Tag, den Gott gemacht ...“
(Abwechselnd singen und lesen)
Textlesung: 1. Mose 2,15-17; 3,1-13. 22-24; Gal. 4,4-5.
Lied: „Heut schleußt er wieder auf die Tür ...“
(Aus: „Lobt Gott, ihr Christen ...“)

In der Weihnachtsstube:

Lieder: „Lobt Gott, ihr Christen, allzugleich ...“ (Strophe 1-3)
„Herbei, o ihr Gläubigen ...“
„O du fröhliche ...“
Gedicht
Lied: „Stille Nacht ...“
Flötenstück
Erzählung der biblischen Weihnachtsgeschichte
(Teil I: Engel – Maria – Elisabeth).
Lied: „Magnifikat“ (oder anderes Lied).
Flötenstück
Lied: „O du mein Trost und süßes Hoffen ...“
Erzählung der biblischen Weihnachtsgeschichte
(Teil II: Maria – Josef – Reise – Herbergsuche – Geburt – Engel).

Lied: „Vom Himmel hoch, da komm ich her …“
Kanon: „Ehre sei Gott in der Höhe …“
Erzählung der biblischen Weihnachtsgeschichte
(Teil III: Hirten).
Lied: Kommet, ihr Hirten …“
Flötenstück
Lied: „Mit den Hirten will ich gehen …“
Erzählung der biblischen Weihnachtsgeschichte
(Teil IV: Weisen).
Lied: „Das isch de Schtärn vo Bethlehem“
(aus: Zeller-Weihnacht) oder
„Mit den Hirten will ich gehen …“ (Strophe 3).
Vorlesen einer anderen Weihnachtsgeschichte.
Lied: „Ich steh an deiner Krippen hier …“
Gebet
Alle: „Lobe den Herrn, meine Seele …“
(Aus: Psalm 103,1-4).

Weihnachten

Und das Wort ward Fleisch
und wohnte unter uns,
und wir sahen seine Herrlichkeit
als des eingeborenen Sohnes vom Vater,
voller Gnade und Wahrheit.

Johannes 1,14

Jesus ist kommen, Grund ewiger Freude;
A und O, Anfang und Ende steht da;
Gottheit und Menschheit vereinen sich beide:
Schöpfer, wie kommst du uns Menschen so nah!
Himmel und Erde, erzählet's den Heiden:
Jesus ist kommen, Grund ewiger Freuden!

Johann Ludwig Konrad Allendorf (1693-1773)

Weihnachten sagt uns: Gott holt uns ab, gleichgültig, wo wir stehen. *Helmut Thielicke*

Mit diesen wenigen Worten beschreibt Johannes das ganze Weihnachtsgeschehen. Das genügt! Alles andere sind Details. Selbstverständlich sind wir froh, daß Lukas – weniger abstrakt – uns den Weihnachtsbericht überliefert hat: von der Herbergssuche, vom Stall und der Krippe, von den Hirten, den Engeln, den Weisen.

Aber für unser Heil genügt vollkommen: „Und das Wort ward Fleisch und wohnte unter uns."

Damit endet menschliches Verlorensein, damit beginnt die Erlösung. Hier zu Weihnachten hat sie eingesetzt – unwiderruflich und sichtbar!

Doch über eines wundere ich mich immer wieder. Wie konnte Johannes nur schreiben: „Wir sahen seine Herrlichkeit!"? Was eigentlich hat er gesehen? Waren das nicht von Anfang bis Ende Schwachheit und Verachtung, Verkanntsein und Verworfenwerden?

„Wir sahen seine Herrlichkeit!"?

Das kann wahrhaftig nur das Auge des Glaubenden erkennen!

Danke, Herr, daß du auch mir den Blick für deine Herrlichkeit geöffnet hast!

*

Warum wird Weihnachten am 25. Dezember gefeiert? Die Kirche im Osten feiert die Geburt Christi am 6. Januar. Beide Bräuche wurden zu spät eingeführt – um 300 n. Chr. –, als daß man sich für die Genauigkeit dieser Daten verbürgen könnte.

Wahrscheinlich hat man diese Zeit gewählt, um heidnische Feste durch christliche zu ersetzen. Die Römer jener Zeit feierten nicht nur ihr Saturnfest Ende Dezember, sie meinten auch, daß der 25. Dezember das Datum der Wintersonnenwende wäre (statt 21. Dezember); an diesem Tag feierten sie das heidnische Fest der *Sol Invictus*, der unbesiegbaren Sonne, die sich gerade wieder nach Norden wendet. Die Christenheit ersetzte dieses heidnische Fest durch eine christliche Feier zu Ehren der „Sonne der Gerechtigkeit", ein übliches Attribut für Jesus, den Messias. Doch ist es Weihnachten nie ganz gelungen, das Säkulare dieses Jahresschlußfestes abzuschütteln.

Man möchte natürlich ein Ereignis von dieser Bedeutung genauer datieren können. Doch unsere Vorfahren vor allem im Nahen Osten hatten einen weniger strengen Zeitbegriff als spätere Zeitalter mit den genauen Uhren und Kalendern. In einer Zeit, in der es kein Universalsystem der Zeitbestimmung gab und die Ereignisse als „unter der Regierung von dem und dem König" oder „unter der und der Statthalterschaft" datiert oder Zahlen oft abgerundet wurden und selbst die Methoden, Jahre zu zählen, voneinander abwichen, da ist es vielleicht ein Glück, daß wir nur um Monate vom wirklichen Datum der ersten Weihnacht abweichen. Aber das eigentliche Paradoxon ist, daß das so ungenau bestimmte Datum der Geburt Christi als Ausgangsbasis für einen Kalender diente, der heute fast überall auf der Erde gilt und den wir für ganz genau halten.

Für das Paar in Bethlehem hatte die Zeit eine gänzlich andere Bedeutung. Die Frage, die Josef und Maria umtrieb, während sie in Jerusalem von Lärm und Farben umgeben waren, war wohl die: Würden sie Bethlehem rechtzeitig noch vor der Geburt erreichen? (Aus: Paul L. Maier, „Das größte Ereignis".)

*

Das Brot an Weihnacht

Das strenge Verbot, Brot an Tiere zu verfüttern, wurde bei unsern Vorfahren einmal im Jahr unterbrochen: am Heiligen Abend. Da bekamen die Tiere des Stalles Brot und Salz, also ebendieselbe Speise, die dem König, der in sein Reich einzog, an dessen Grenzen dargeboten wurde. Mancherorts bekamen die Tiere auch Brot und Weihwasser – Gnadenbrot und Lebenswasser. So sollten sie, entsprechend der Botschaft der Weihnachtsgeschichte, in den Liebeskreis der erlösten Menschheit aufgenommen werden und mit ihr teilhaben an der Erfahrung: „und gibt der Welt das Leben". O Gnadenbrot!

Unsre Väter gingen mit ihren Weihnachtsbräuchen noch weiter. Sie fühlten das Bedürfnis, dem, der das wahre Gnadenbrot ist, dem Herrn Christus selbst, ihren Dank auszudrücken, indem sie ihm besonders bereitete Brote darbrachten. Auf weiß gedecktem Altar wurden liebevoll gebackene süße Brote von besonderer Form gelegt, vor allem in Sterngestalt. Damit sollte angedeutet werden, daß das Brot, so gewiß es etwas irdisch Alltägliches ist, eine wesenhafte Beziehung zu den Sternen hat. Auch in diesem Sinne ist es Gnadenbrot. Dann aber wurden diese Brot- und Weihegaben verteilt und fortgeschenkt als Ausdruck der Liebe, der Weihnachtsfreude, der Weihnachtsgnade.

Verschwunden ist der weißgedeckte Altar – geblieben ist der weißgedeckte Weihnachtstisch. Von ferne nur, und doch auch wieder eigentümlich nah, erinnert so unser Weihnachtsgebäck an jene Zusammenhänge, Ahnungen und Erkenntnisse. Indem später die süßen Sternenbrote an den Weihnachtsbaum gehängt wurden, so daß sie umflossen waren von seinem Lichtglanz, wurde die Verbindung dargestellt zwischen dem Gnadenlicht und dem Gnadenbrot. (Aus: Erich Schick, „Der verborgene Mensch des Herzens".)

*

Weihnachten ist die Tür in Gottes heiliges Land. Da hört man heimatliche Klänge, da wird die Sprache der Herzen gesprochen. Macht uns Gott durch die Weihnachtsbotschaft neu zu seinen Kindern, dann verwandelt sich die Welt. Über ihrer Not leuchtet die Sonne seines Erbarmens, und die Rätsel irdischer Geschichte werden zu Wunderwegen Seiner Gnade. Danken aber ist die rechte Weihnachtsmelodie.

Friedrich von Bodelschwingh

*

Herbei, o ihr Gläubigen

Herbei, o ihr Gläubigen,
fröhlich triumphierend,
o kommet, o kommet nach Bethlehem.
Sehet das Kindlein, uns zum Heil geboren!
O lasset uns anbeten,
o lasset uns anbeten,
o lasset uns anbeten den König, den Herrn.

Du König der Ehren,
Herrscher der Heerscharen,
du ruhst in der Krippen im Erdental,
Gott, wahrer Gott, von Ewigkeit geboren.
O lasset uns anbeten,
o lasset uns anbeten,
o lasset uns anbeten den König, den Herrn.

Kommt, singet dem Herren,
singt, ihr Engelchöre!
Frohlocket, frohlocket, ihr Seligen.
Ehre sei Gott im Himmel und auf Erden!
O lasset uns anbeten,
o lasset uns anbeten,
o lasset uns anbeten den König, den Herrn.

Ja, dir, der du heute
Mensch für uns geboren,
Herr Jesus, sei Ehre und Preis und Ruhm,
dir, Fleisch gewordnes Wort des ewgen Vaters!
O lasset uns anbeten,
o lasset uns anbeten,
o lasset uns anbeten den König, den Herrn.

*

Dies liebe Weihnachtslied verdankt seine große Beliebtheit und ökumenische Verbreitung weder bedeutenden Gedanken noch sprachlicher Kraft. Wer es gedichtet, wer es komponiert hat, wissen wir nicht: Es lebt von seiner unvergleichlichen, gesunden Melodie.

Herbei, o ihr Gläubigen ist die deutsche Übersetzung eines lateinischen Hymnus: *Adeste fideles,* dessen Ursprung man in der katholischen Kirche in Deutschland oder Frankreich vermutet. Als frühestes Zeugnis für Text und Melodie ist bis heute bekannt ein Band liturgischer Handschriften, datiert von 1751, der im Stonyhurst College (Lancashire) liegt. Gedruckt begegnet uns das lateinische Lied zum ersten Mal in einer Sammlung von kirchenmusikalischen Stücken, die 1782 in London erschien. Seit 1822 ist es in der römischen Kirche von Frankreich bezeugt. Soviel zur anonymen Dichtung des lateinischen *Adeste fideles.*

Im selben Dunkel liegen die Wurzeln der also seit 1751 bezeugten Melodie. Aus der Kunde, daß das Lied um 1797 auch in der Kapelle der portugiesischen Gesandtschaft in London gesungen wurde, entstand die willkürliche und irrtümliche Annahme, Portugal sei die Heimat der Melodie. Es war aber der übliche Chor, der in jeder katholischen Christfeier erklang.

Ja, diese Weise ist ein leuchtendes Juwel und hält aller Kritik stand. Mit der unwiderstehlichen Einfalt der Natur spielt sie ihr

Spiel, treibt sie ihre Formen aus einem innern Keim hervor. Es ist nicht eine der ausgewogenen klassischen Schalmeien, in pastoralem F-Dur, da Hirten bereits um die Krippe stehen und ihre Flöten blasen. Das angriffige G-Dur oder A-Dur ist voll Aufbruch, Vorwärtsdrängen, wie das unaufhaltsame Ziehen eines Stromes, das transeamus in Bethlehem der Hirten (Lukas 2,15.16) packend in Töne übersetzt, einer hinter dem andern her eilend, vom unsichtbaren Ziele hingerissen. Kenner setzen ihre Entstehung um 1750 an (Nelle). Ist sie also auch nicht alt, so trägt sie dafür wie einen stolzen Schimmer von der klassischen Musik jener großen Jahre, und es war ein ganzer, guter Meister, der diesen Klängen unverwüstliches Leben einhauchte.

Das frohe Jubilieren drängte aus der Fessel des lateinischen Priestermundes hinaus und eroberte das Herz des Volkes.

In England gehört *Adeste fideles* zu den drei Liedern nichtenglischen Ursprungs, die am häufigsten übersetzt wurden: *Dies irae, dies illa (Tag des Zornes)* über 150 mal, *Ein feste Burg* 63 mal, die älteste uns bekannte der 38 Übertragungen von *Adeste fideles* führt ins Jahr 1760. Es hat den Anschein, als haben etwa von dieser Zeit an die weihnachtlichen Gemeinden im katholischen England und Frankreich das Lied je in ihrer Zunge gesungen. Die von den angelsächsischen Christen aller Bekenntnisse hüben und drüben der Meere heute am meisten gebrauchte Fassung:

„O come all ye faithful,
joyful and triumphant"

stammt von dem ersten hochkirchlichen, später römischen Geistlichen Frederick Oakeley (1802-1880).

Wer aus dem lateinischen *Adeste fideles* das deutsche *Herbei, o ihr Gläubigen* gestaltet hat, wissen wir nicht. Der Bericht von V. Strebel, Johann Friedrich Reichhardt (1752-1814), einst Kapellmeister bei Friedrich dem Großen und später in Giebichenstein bei Halle, habe den lateinischen Weihnachtstext aus England herübergebracht und Heinrich Ranke, des Geschichtsforschers Leopold Rankes jüngerer Bruder, habe ihn nach 1820 verdeutscht und damit unser Lied geschaffen, wird bestritten. Sicher steht es in den „Christlichen, lieblichen Liedern" der frommen Musikerin Luise Reichhardt (1780-1826), die zwischen 1823 und 1826 in Hamburg herauskamen.

In seinen „Jugenderinnerungen" erzählt uns Heinrich Ranke, er sei im Jahre 1824 mit einem Dutzend Knaben am Rhein gewandert, wobei sie auch die Rochuskapelle bei Bingen besuchten, „die auch von Goethe gerühmt wird. – Von da übersieht man den ganzen Rheingau, diese fruchtbare, mit anmutigen Ortschaften geschmückte Ebene. Auch das Innere der Kapelle erfreute uns. Wir waren ganz allein darin. Da dachten wir unsres schönen alten Liedes: *Adeste fideles, laeti triumphantes,* das uns in der Weihnachtszeit so lieb geworden war, und sangen es so ungestört, als gehörte die Kapelle uns."

So führt uns die Spur von *Herbei, o ihr Gläubigen* nach 1820 in das musikalische Reichhardthaus zu Giebichenstein bei Halle und in die Erziehungsanstalt Dittmar bei Nürnberg, wo Karl von Raumer, Reichhardts Schwiegersohn, und Heinrich Ranke und Valentin Strebel als Lehrer wirkten.

Mit privaten Liedersammlungen setzte es sich im deutschen Gebiet allmählich durch, während die evangelischen Kirchengesangbücher ihm eher verschlossen blieben. Die römisch-katholische Weihnachtsfeier ist ohne das Lied, lateinisch oder deutsch, kaum mehr denkbar.

In der reformierten Schweiz wurde es in der zweiten Jahrhunderthälfte wohl durch Jugendgesangbücher bekannt.

Französische Übersetzungen beginnen: *O peuple fidèle, Jésus vous appelle,* und: *Viens, âme fidèle, Joyeuse nouvelle!* Die Holländer singen: *Komt allen tezamen.* In den neuen Kirchen der Mission ist es ebenso verbreitet und beliebt wie in der alten Christenheit.

Von der katholischen Kirche geboren, gepflegt und bevorzugt, dürfte *Herbei, o ihr Gläubigen* im ökumenischen Wettstreit über *O du fröhliche* und *Stille Nacht* den Sieg davontragen. Wahrscheinlich ist es das auf Erden am häufigsten und in den meisten Sprachen gesungene Weihnachtslied.

(Aus: Theophil Bruppacher, „Was töricht ist vor der Welt".)

*

Das Wort aus der Garage

Damals, als der Diktator Augustus oder Hitler oder Stalin oder Mao Tse-tung, der Name tut nichts, die Steuern eintrieb und zählte die Zivilisten, kamen wir, grau von Schnee, im Wintermanöver mit den Geschützen, dritte Batterie, je vier Mann Bedienung, ein Unteroffizier, ein Stabsgefreiter, durch den Stacheldraht abends nach Bethlehem ins Quartier, und weil kein Platz war in den Kasernen, nicht in Kellern, Maschinenschuppen, Hotels, Schulen, Baracken, alles von Militär besetzt, von Kurieren, Flüchtlingen, Delegationen, gab man uns eine nach Benzin stinkende, zufällig leere Garage, sie war aus Zement, ohne Fenster, kalt, doch einigermaßen trocken, dort kam, von dem hier die Rede ist, dort kam er zur Welt, die Frau machte nicht Umstände, wie konnte sie, riß einen Sack in Fetzen, wickelte den Schreihals hinein, legte ihn in den Werkzeugkasten und deckte das Elend zu mit der Herald Tribune, die einer von uns in der Rocktasche trug, ihr Mann, der unbeholfene Kerl, redete, wenn überhaupt, mit „Herr Soldat“ uns an, zog die Axt aus dem Gürtel, spaltete Holz, doch eh er Feuer schlug aus dem Span, zeigten wir ihm das Benzinfaß, soweit o.k., merkwürdig nur, daß die Telegrafisten, die im Feld biwakierten, plötzlich hereingestolpert kamen: Nachricht im Äther, stotterten sie, SOS, nicht fürchten, Rettung, Befehl von irgendwoher, aus der Höhe das Morsezeichen „alles wird anders“, sie waren wie toll, wie besoffen, doch ohne Schnaps und schielten zum Kind, als käme die Nachricht von ihm, und dann, gegen Morgen, schade, daß kein Fotograf dabei war für Souvenirs, da war’n noch drei andere, ein Professor aus Cambridge, ein Pekinger Funktionär, ein Medizinmann vom Kongo, sie standen prächtig, weiß, gelb, schwarz, in Pelz und Seide, trotzdem verstört und krümmten sich vor dem Kind, das jetzt ganz still war, murmelten Unverständliches, reckten sich, lächelten durch die Zähne, dolmetschten, alles Unsinn natürlich: Konstellation der Sterne, Marxismus, Relativitätstheorie, wer kapiert schon sowas, nee, wir waren wie vor den Kopf gedonnert, nicht mal, daß einer fluchte, erst, als wir wieder bei zwanzig Grad Frost hockten hinterm Geschützrohr, klamm, die Fäuste im Wollsack, fing die Parole in unseren Schädeln an zu rumoren, das Latrinengerücht, was denn sonst, doch stur wie ein Panzer: Friede wäre gemacht, man denke, Friede, die Geschütze Schrott, Munition, Karabiner, Lafette, EK, alles Schrott, alles Schrott und alles wird anders, und wir, Kreti Pleti, kommen nach Hause, ungelogen, bis heute schwafelt man in den Kasernen davon, ich schätze, das Wort, das unmögliche Wort aus der Garage, das Wort aus Bethlehem, so rasch ist das Wort nicht totzukriegen unter den Landsern.

(Aus: Rudolf Otto Wiemer, „Es müssen nicht Männer mit Flügeln sein“.)

Stephanustag
(2. Weihnachtstag)

Also hat Gott die Welt geliebt,
daß er seinen eingeborenen Sohn gab,
damit alle, die an ihn glauben,
nicht verloren werden,
sondern das ewige Leben haben.

Johannes 3,16

Jesus ist kommen: Nun springen die Bande,
Stricke des Todes, die reißen entzwei.
Unser Durchbrecher ist nunmehr vorhanden;
er, der Sohn Gottes, der machet recht frei,
bringet zu Ehren aus Sünden und Schande.
Jesus ist kommen, nun springen die Bande.

Johann Ludwig Konrad Allendorf (1693-1773)

Mit Windeln lässest du dich umwickeln, um die Fesseln meiner Sünde zu lösen. Deshalb rühme ich dich und falle nieder in unfaßlicher Freude vor deiner Ankunft im Fleische, durch welche ich erlöst worden bin. *Aus der Liturgie der Ostkirche*

„Evangelium im Evangelium" nennt man dieses Wort in Johannes 3,16. Wahrscheinlich gehört es zu den bekanntesten Bibelworten überhaupt. Aber bekannt heißt noch lange nicht erkannt. Nicht alle, die dieses Wort kennen, haben auch den Reichtum und die Tiefe dieses Wortes erkannt. Es ist ohnehin nicht auszuloten in seiner Tiefe.

Betrachten wir aber die Aussagen dieses Wortes – eines echten Weihnachtswortes – einmal näher, dann spüren wir auch die ungemeine Spannung, die es enthält. Welche Gegensätze werden da angesprochen: Die Liebe Gottes – und die Welt. Ewiges Leben, das durch Glauben erworben wird – und Verlorenheit.

Da wird mit offenen Karten gespielt. Gott geht nicht auf Seelenfängerei! Da wird nicht nivelliert, damit kein Anstoß entsteht.

Gott setzt alles auf eine Karte. Er wirft sozusagen „seinen Sohn ins Spiel". Aber es ist kein Spiel, es ist heiliger Ernst. Seine Risikofreudigkeit ist nicht leichtfertig, sie ist von der Liebe bestimmt. Von der Liebe zu uns! – Stellen wir uns das vor!

Gottes Erwartung an uns ist aber auch eindeutig. Er erwartet, daß auch wir alles auf eine Karte setzen – auf seine Karte. Mit unseren Karten haben wir schon längst ausgespielt – und verloren.

Doch mit Gottes Angebot von Weihnachten können wir alles gewinnen.

Stephanus († 34/35 n. Chr.)

Der Diakon Stephanus war der Führer der griechisch sprechenden Judenchristen in Jerusalem, stand als solcher im Blickfeld der öffentlichen Meinung und wurde seines Glaubens wegen heftig angegriffen. Da ihm seine Gegner im offenen Streitgespräch nichts anhaben konnten, verklagten sie ihn vor dem Hohen Rat, er habe erklärt, Jesus werde den Tempel zerstören und die Gesetze ändern.

Zur Rechtfertigung aufgefordert, erzählte Stephanus die große heilige Geschichte Israels und stellte sie als ein Handeln Gottes mit seinem Volk dar, so daß alle Herzen höher schlugen. Lang verweilte er bei den Erzvätern und Mose, eilte dann zu dem Priesterkönig David und zu Salomo, dem Tempelerbauer. Hier aber sprang er unvermittelt aus der Form der Erzählung, erklärte, Gott wohne nicht in Tempeln, die Menschen erbauen, und schleuderte seinen Richtern die Anklage ins Gesicht:

„Ihr Halsstarrigen seid noch schlimmer als eure Väter; sie haben die Propheten umgebracht, die den Erlöser ankündigten; ihr aber seid seine Mörder geworden. Das Gesetz habt ihr aus der Engel

Hände empfangen, aber gehalten habt ihr es nicht, trotz eurer Gesetzlichkeit, sonst hätte es euch" – so wollte er wohl fortfahren – „dem Erlöser zugeführt."

Aber so weit kam er nicht mehr. Die Pharisäer knirschten mit den Zähnen, stießen ihn zur Stadt hinaus und steinigten ihn als Gotteslästerer. Die Zeugen, die nach dem Herkommen bestellt werden mußten, legten ihre Mäntel bei Paulus nieder, der nach dem Bericht der Apostelgeschichte am Tod des Stephanus Wohlgefallen hatte. Drei kurze Worte sind in der Schrift von Stephanus überliefert: „Ich sehe den Himmel offen und des Menschen Sohn zur Rechten Gottes stehen." Das zweite: „Herr Jesus, nimm meinen Geist auf!" Das letzte: „Herr, behalte ihnen diese Sünde nicht!"

Hinter der Krippe Jesu ragt das Kreuz auf, das am Ende seines Erdenlebens steht. Die Kirche weiß, daß ihr Weg mit dem Blut der Märtyrer gezeichnet ist, das zum Samen der Kirche wird. Darum hat sie dem Erzmärtyrer den Platz in der Krippe eingeräumt. Der treue Zeuge, der sein Leben für den Erlöser hingibt, darf die verborgene Herrlichkeit des Herrn schauen, deren Widerschein sein Angesicht im Sterben verklärt.
(Aus: Jörg Erb, „Geduld und Glaube der Heiligen".)

*

Überall gehören zu dem weihnachtlichen Gebäck die Moppen, in vielen Gegenden werden dazu handtellergroße, runde Honigkuchen mit einem dicken weißen Zuckerguß gebacken, die Pflastersteine (Rezept siehe Seite 104). Beide Gebäckarten erinnern an die Steine, mit denen Stephanus getötet wurde, und machen wirklich schmeckbar, daß für den Gläubigen auch das Härteste und das Bitterste süß wird. Allein von der Weihnachtsbotschaft her können wir getrost durch diese feindliche Welt gehen.

*

Das ist ein feiner Trost, daß Sankt Stephan die Himmel sieht offen stehen und daß er entschlafen ist. Dabei wir merken sollen, daß unser Herr Gott bei uns steht, so wir glauben, und daß der Tod nicht ein Tod ist denen, die da glauben. Also habt ihr in dieser Historie das ganze Evangelium abgemalt: Glaube, Liebe, Kreuz, Tod und Leben.

Martin Luther

Tag des Apostels Johannes

Darin ist erschienen
die Liebe Gottes unter uns,
daß Gott seinen eingebornen Sohn
gesandt hat in die Welt,
damit wir durch ihn leben sollen.
Gott ist die Liebe;
und wer in der Liebe bleibt,
der bleibt in Gott und Gott in ihm.

1. Johannes 4,9.16

Jesus ist kommen: Der starke Erlöser
bricht dem gewappneten Starken ins Haus,
sprenget des Feindes befestigte Schlösser,
führt die Gefangenen siegend heraus.
Fühlst du den Stärkeren, Satan, du Böser?
Jesus ist kommen, der starke Erlöser.

Johann Ludwig Konrad Allendorf (1693-1773)

*Um Gott zu erkennen, muß man ihn lieben;
um die Menschen zu lieben, muß man sie kennen.* *Augustinus*

Johannes gehörte mit *Petrus* und *Jakobus* zu den drei Jüngern, denen Jesus sein besonderes Vertrauen schenkte und denen er mehr sagte und zeigte, als er die andern hören und sehen ließ; er ist der Jünger, den Jesus lieb hatte. Als einziger unter den Aposteln stand er unter dem Kreuz; ihm vertraute der Herr seine schmerzensreiche Mutter an.

Gleich den andern Jüngern hat Johannes Judäa noch vor der Zerstörung Jerusalems verlassen. Geschichtlich belegt ist sein langjähriger Aufenthalt in Ephesus. Dort sammelte er Schüler um sich, zu denen auch *Polykarpus,* der spätere Bischof von Smyrna, gehörte; von dort aus gründete er die sechs asiatischen Gemeinden, an die die Sendschreiben im zweiten und dritten Kapitel der Offenbarung gerichtet sind. Unter Kaiser Domitian war er auf die Insel Patmos vor Ephesus verbannt, wo er die Visionen der geheimen Offenbarung empfing und niederschrieb. Um das Jahr 96 konnte er wieder in seine Stadt zurückkehren, wo er später eines natürlichen Todes starb.

Erst im hohen Alter schrieb er sein Evangelium, das in wundervoller Weise das Wesen von Christi Erdenleben erschließt. Martin Luther hat es das „zarte rechte Hauptevangelium" genannt, dem der Vorrang gebühre. „Also hat Gott die Welt geliebt, daß er seinen eingeborenen Sohn gab, auf daß alle, die an ihn glauben, nicht verloren werden, sondern das ewige Leben haben." Das ist ein Herrenwort, von Johannes überliefert, die kurze Inhaltsangabe seines Evangeliums. Nicht minder charakteristisch ist auch dieses Wort: „Ich bin der Weinstock, ihr seid die Reben. Wer in mir bleibt und ich in ihm, der bringt viel Frucht; ohne mich könnt ihr nichts tun."

Gott ist Licht, Gott ist Liebe, das ist das Thema der Briefe, die er an seine Gemeinden geschrieben hat. Ihm sinnt er nach und entfaltet es in immer neuen Durchblicken. „Sehet, welch eine Liebe hat uns der Vater erzeigt, daß wir Gottes Kinder sollen heißen und es auch sind. Darin ist erschienen die Liebe Gottes unter uns, daß Gott seinen Sohn gesandt hat in die Welt, daß wir durch ihn leben sollen. Ihr Lieben, hat uns Gott so geliebt, so sollen wir uns auch untereinander lieben. Gott ist Liebe, und wer in der Liebe bleibt, der bleibt in Gott und Gott in ihm." In seinem Alter wiederholte er oft die Aufforderung: „Kindlein, liebet euch untereinander!" Als seine Schüler ihre Verwunderung darüber äußerten, antwortete er: „Es ist ein Wort des Herrn; wer es erfüllt, tut genug."
(Aus: Jörg Erb, „Geduld und Glaube der Heiligen".)

---

*

Die Johannesminne

Früher beachtete man zu Weihnachten vier volle Festtage. In unserer hastenden Zeit ist der 3. und 4. Weihnachtstag verschwunden, aber im weihnachtlichen Brauchtum finden wir davon noch mancherlei Spuren. Nach den alten Lesungen wiederholt sich noch einmal der große Wechsel zwischen Trauer und Freude, zwischen Jubel über Gottes Gnadentat und Leid dieser Welt. Dreimal trifft uns in der rechten Ordnung des Christfestes dieser Wechsel:

am 24. Dezember: „Adam und Eva“ und dagegen „Heiligabend“,

am 25. Dezember: der Christtag kündet von dem Jubel aller Kreatur,

am 26. Dezember: Stephanustag: „Das Wort vom Kreuz ist eine Torheit denen, die verloren werden; uns aber, die wir selig werden, ist's eine Gotteskraft“ (1. Korinther 1,18).

am 27. Dezember: Johannestag, das in der Liebe wirklich vollendete Leben,

am 28. Dezember: Tag der unschuldigen Kindlein; in dieser Welt geht das Morden weiter.

Der 27. Dezember, der Tag des Evangelisten und Jüngers Johannes, bringt in der Weihnachtswoche den jubelnden Klang des Herzens, das in Liebe den Heiland ergriff. Der Evangelist Johannes ist nach einem Wort Luthers „billig für den höchsten und vornehmsten Evangelisten geachtet. Er ist ein treuer, wahrhaftiger Zeuge von Christus gewesen“. Er hat vor allen Evangelisten die Gottheit Christi, des Herrn, bezeugt. „Er treibt den Artikel gewaltiger als alle Apostel, daß Christus wahrer Gott und Mensch ist, und zieht uns durch sein ganzes Evangelium vom Vertrauen auf unsere Werke auf die Gnade und Liebe Gottes. Er tut in seinem Evangelium nichts anderes, als daß er uns unterweist, wie man auf den Herrn Christus vertrauen soll. Ja, er möchte wohl allein ein Evangelist genannt werden.“

Johannes zu Ehren und zur Mahnung einer brüderlichen Liebe trank man früher am 3. Weihnachtstage die *„Johannesminne“*. Das Wort „minne“ kann sowohl von dem althochdeutschen „minnaz“ = „erinnern, gedenken“ wie von „minnon“ = „lieben“ kommen. Beides hat hier seinen Sinn. Eine im 6. Jahrhundert entstandene Legende kündet uns den Sinn der Johannesminne:

„Einst predigte Johannes in dem noch heidnischen Ephesus über das Wort des Herrn: ‚Ich gebe euch Macht, auf Schlangen und Skorpione zu treten, und nichts wird euch schaden!‘ (Luk. 10,19). Da stand der heidnische Priester Aristodemus auf und sprach: ‚Wenn das Wort deines Meisters wahr ist, so trinke diesen Becher mit vergiftetem Wein!‘ Johannes kniete zum stillen Gebet nieder, dann trank er das Gift, und es tat ihm keinen Schaden.“

Auch in dieser märchenhaften Erzählung kommt ja die Wahrheit zum Ausdruck, daß durch Gottes zu Weihnachten vollendete Liebe der Glaubende gefeit ist wider das Gift dieser Welt. Luther pflegte die Johannesminne an dem Johannestage und als Abschiedstrunk vor Reisen, er ergriff dann den Becher mit dem Wunsche: „Werdet erfüllt mit der Liebe des Johannes – im Namen des Vaters und des Sohnes und des Heiligen Geistes. Amen.“
(Aus: Otto Schlißke, „Apfel, Nuß und Mandelkern“.)

Wir haben heute mit unseren Gästen zusammen auch die Johannesminne getrunken und uns gegenseitig ermuntert, in der Liebe Christi zu leben, die der Apostel Johannes lehrt. Wir wollen Menschen der Liebe sein!

Tag der unschuldigen Kinder

Als Herodes nun sah,
daß er von den Weisen betrogen war,
wurde er sehr zornig und schickte aus
und ließ alle Kinder in Bethlehem töten
und in der ganzen Gegend, die zweijährig und darunter waren
nach der Zeit, die er von den Weisen genau erkundet hatte.
Da wurde erfüllt,
was gesagt ist durch den Propheten Jeremia, der da spricht:
In Rama hat man ein Geschrei gehört,
viel Weinen und Wehklagen;
Rahel beweinte ihre Kinder und wollte sich nicht trösten lassen,
denn es war aus mit ihnen.

Matthäus 2,16-18

Jesus ist kommen, der König der Ehren;
Himmel und Erde, rühmt seine Gewalt.
Dieser Beherrscher kann Herzen bekehren;
öffnet ihm Tore und Türen fein bald.
Denkt doch, er will euch die Krone gewähren.
Jesus ist kommen, der König der Ehren.

Johann Ludwig Konrad Allendorf (1693-1773)

*Hast du die Herrschaft Gottes nicht über dir,
wird bald ein anderer über dich herrschen.* *Dietrich Bonhoeffer*

Das Weihnachtsgeschehen von Bethlehem wurde im Laufe der Zeit immer romantischer, ja sentimentaler geschildert und dargestellt.

Was Maria und Josef in aller Härte erlebten, wird nun abgeschwächt und lieblich gestaltet. Das ist eine Verfremdung der Wirklichkeit.

Andererseits ist das Geschehen in und um den Stall tatsächlich ein liebliches Ereignis. Lieblich, das heißt: Es ist von A bis Z von der Liebe bestimmt.

Liebe hat Gott in den Stall getrieben, und Liebe geht von der Krippe aus. Weihnachten ist wirklich die massive Demonstration göttlicher Liebe!

Aber wo viel Licht ist, da ist auch viel Schatten! Die Macht der Finsternis nimmt den Einbruch des Lichtes nicht kampflos hin. Der Kindermord in Bethlehem durch Herodes ist ein Beispiel dafür. Und die Finsternis findet immer ihren „Herodes"! Auch heute! Ein altes Sprichwort sagt: „Wo Gott eine Kirche baut, da baut der Teufel eine Kapelle daneben."

Wir können das nicht verhindern. Aber wir müssen nicht hineingehen.

So entsetzlich der Kindermord ist, so grausam auch alle Ungerechtigkeit in unserer Welt heute ist: Gottes Heilsplan wird dadurch nicht außer Kraft gesetzt. Weihnachten wird nie mehr rückgängig gemacht!

*

Die unschuldigen Kindlein

Als die drei Weisen hinweggezogen waren, siehe, da erschien der Engel des Herrn dem Josef im Traum und sprach: Steh auf und nimm das Kindlein und seine Mutter zu dir und flieh nach Ägyptenland und bleibe dort, bis ich's dir sage; denn Herodes geht damit um, daß er das Kindlein suche, es umzubringen. Und er stand auf und nahm das Kindlein und seine Mutter zu sich bei der Nacht und entwich nach Ägyptenland und blieb allda bis nach dem Tod des Herodes, auf daß erfüllt würde, was der Herr durch den Propheten gesagt hat, da er spricht: Aus Ägypten habe ich meinen Sohn gerufen.

Da Herodes nun sah, daß er von den Weisen betrogen war, ward er sehr zornig und schickte aus und ließ alle Knäblein zu Bethlehem töten und in der ganzen Gegend, die zweijährig und darunter waren nach der Zeit, die er mit Fleiß von den Weisen erkundet hatte. Da ist erfüllt, was gesagt ist von dem Propheten Jeremia, der da spricht: Zu Rama hat man ein Geschrei gehört, viel Weinen und Heulen; Rahel beweinte ihre Kinder und wollte sich nicht trösten lassen, denn es war aus mit ihnen.

Die Kirche vergißt um des geretteten Kindes willen die vielen andern nicht, die seinetwegen sterben mußten; aber sie hält sich vor Augen, daß es nicht irgendein Kind, sondern der Sohn Gottes ist, der hier aufgespart wird für die Stunde des großen Opfers. Derselbe Gott und Vater, der sein Kind vor den Schergen des Herodes behütet, wird dem Pilatus Macht verleihen, ihn zum Tod zu führen. Was im Ratschluß Gottes beschlossen liegt, kann kein Zorn der großen Fürsten und keine Macht der Welt aufhalten. „Was er sich vorgenommen und was er haben will, das muß doch endlich kommen zu seinem Zweck und Ziel." Der Kindermord von Bethlehem, so dicht an die Christusgeburt herangerückt, enthüllt die Tatsache, daß Christus in eine Welt der Finsternis, der Angst, des Hasses und des unsagbaren Leides hineingeboren ist, und mahnt an seinen Kreuzesweg. Die Kinder von Bethlehem sind, wiewohl noch unmündig, Erstlinge in der Märtyrerschar. „Auch Mord und Jammer müssen zum Lobe Gottes gereichen", sagt Wilhelm Stählin; darum wagt die Kirche auf sie das Wort anzuwenden: „Aus dem Munde der jungen Kinder und Säuglinge hast du Lob dir bereitet."
(Aus: Jörg Erb, „Geduld und Glaube der Heiligen".)

*

Der 28. Dezember hat als Lesung den Kindermord von Bethlehem. Dieses Weihnachtsevangelium ist bei uns Jahrzehnte hindurch kaum noch beachtet worden, es wurde selten darüber gepredigt. Wir mußten erst hindurchgehen durch all die Not des Krieges und der Nachkriegszeit, ehe uns die Frage wieder aufbrach: Was sollen wir sagen zu dem grausigen Sterben unschuldiger Kinder in dieser Welt? Der Tag der unschuldigen Kindlein zeigt, wie auch nach Weihnachten, nach der Geburt des Herrn und Heilandes, diese Welt bleibt, wie sie ist. Ja, nun wird es erst recht deutlich, wie gottlos sie ist.

Das ist eine treffliche Historie, die man keineswegs von der Kirche soll kommen lassen, beides, um der Lehre und danach um des Trostes willen, so darin uns Christen vorgehalten ist. Die Lehre ist, daß wir sehen, wie der Teufel und die Welt dem Kindlein Jesus und Seinem Reich feind sind und sich heftig darum annehmen, wie sie es drücken, dämpfen oder gar tilgen mögen. Der Trost ist, daß solches Vornehmen der Welt nicht gelingt, sie muß Christum, Sein Wort und Kirche lassen bleiben; und obgleich etliche Christen darüber einbüßen müssen, so soll es doch ohne ihren Schaden, ja mit ihrem höchsten Nutzen geschehen; die Tyrannen aber sollen darüber zu Grunde gehen, davor soll ihnen nichts helfen.

Martin Luther

*

Im Gedenken an die Kinder von Bethlehem backte man im Mittelalter den *Weihnachtsstollen.* Die Form des Weihnachtsstollens weist auf die in Tücher eingeschlagenen Kindlein hin. Früher war es üblich, den Weihnachtsstollen erst am Tage der unschuldigen Kindlein anzuschneiden. Der Stollen bedeutet genauso wie die Pflastersteine am Stephanustage, daß für den Menschen, der auf die Weihnachtsbotschaft lauscht, auch das Blut der Märtyrer zur „süßesten Nahrung“ geworden ist. (Rezept für Christstollen siehe Seite 23, 48.)

Siehe,
das ist Gottes Lamm,
das der Welt Sünde trägt!

Johannes 1,29

Jesus ist kommen, ein Opfer für Sünden;
Sünden der ganzen Welt trägt dieses Lamm.
Sündern die ewge Erlösung zu finden,
stirbt es aus Liebe am blutigen Stamm.
Abgrund der Liebe, wer kann dich ergründen?
Jesus ist kommen, ein Opfer für Sünden.

Johann Ludwig Konrad Allendorf (1693-1773)

Man sieht nur mit dem Herzen gut. Das Wesentliche ist für das Auge unsichtbar. Die Menschen haben diese Wahrheit vergessen. *Antoine de Saint-Exupéry*

Krippe und Kreuz gehören zusammen. Weihnachten und Karfreitag sind näher beieinander, als uns der Kalender angibt. Manche Künstler haben im Gebälk des Stalles von Bethlehem bewußt das Kreuz miteingebaut. Das Leben, das in der Krippe beginnt, endet am Kreuz!

Eine alte Legende erzählt sogar, daß aus demselben Baum, aus dem die Krippe stammte, auch das Kreuz von Golgatha gezimmert wurde. Das ist zwar nicht möglich, aber es will die tiefe Wahrheit unterstreichen, daß Krippe und Kreuz untrennbar sind.

Und nun steht zwischen Krippe und Kreuz, zwischen Bethlehem und Golgatha der Wegbereiter Johannes mit seinem prophetischen Heilswort: „Siehe, das ist Gottes Lamm, das der Welt Sünde trägt!" –

Unübertroffen eindrücklich ist dabei jenes Bild des begnadeten Künstlers vom Isenheimer Altar, Matthias Grünewald, der Johannes den Täufer unter dem Kreuz darstellt, wie er dort mit überdimensionalem Finger auf Jesus weist: „Siehe – Gottes Lamm ...!“

Sieh noch einmal in die Krippe – und sieh genau hin. Nimmt nicht der „holde Knabe im lockigen Haar“ schon die Züge des Dorngekrönten an? Sieh mit dem Herzen hin, denn das Wesentliche ist für das Auge unsichtbar!

*

Austausch oder Umtausch

In unseren Wohlstandsländern nimmt das gegenseitige Geschenkemachen zu Weihnachten immer größere Ausmaße an. Es ist schon längst nicht mehr nur Freude, sondern häufig auch Last, zumindest Belastung. Was soll man auch schenken? Fast alle haben doch fast alles.

„Bitte, nur nichts, was Platz braucht! Ich habe keinen Platz mehr!“ Also schenkt man Eßbares. Das verschwindet auf natürliche Weise.

Aber alle eßbaren Geschenke fallen ja unter das Stichwort „Zusätzliches“. Und Zusätzliches können wir uns eigentlich auch nicht mehr leisten. Sie wissen: der Zeiger an der Waage! Schenken ist problematisch geworden! Jemand sagte einmal spöttisch im Blick auf das Schenken zu Weihnachten: „Jetzt beginnt wieder der ‚Warenaustausch‘, dem unmittelbar der Umtausch folgt!“

Oder geht es Ihnen gar wie jenem Mann, der seiner Frau jedes Jahr zu Weihnachten ein Ofenrohr schenkt? Auf die Frage, was denn seine Frau damit mache, antwortete er: „Sie tauscht sowieso alles um!“

Manche verschenken das, was sie selbst nicht brauchen können. So dumm ist diese Idee übrigens gar nicht. Unsere „Negativposten“ einfach weiterverschenken. Ich weiß sogar jemanden, der auf solche „Geschenke“ geradezu wartet. Wer das ist? Sie werden staunen: Gott!

Er wünscht sich von uns das als Geschenk, was uns im Wege ist, was uns Mühe macht, was uns nur belastet. Die folgende Geschichte von „Michael" läßt das deutlich werden.

*

Michael

Eines Abends besuchte er seinen Großvater und schaute zu, wie der an einer prächtigen Krippenfigur schnitzte. Einige andere standen schon fertig auf dem Tisch. Als Michael, ein wenig müde, seinen Arm auf die Tischkante und seinen Kopf auf den Arm legte, ward er plötzlich gewahr, wie all die Gestalten lebendig wurden. Hirten, Könige, Maria und Joseph waren nicht mehr klein und er nicht mehr groß, sondern er ging mitten unter ihnen umher, ohne aufzufallen. So ging er jetzt auch mit den anderen, den Hirten und Königen, in Bethlehems Stall hinein, um das Kindlein anzuschauen und anzubeten. Auf Zehenspitzen schlich er sich bis zur Krippe und schaute über den Rand. Da lag nun das Kind und blickte ihn holdselig an. Plötzlich bekam er einen Schreck, und er fing an zu weinen.

„Warum weinst du denn?" fragte das Christuskind.

„Weil ich dir nichts mitgebracht habe!"

„Ich will aber gern etwas von dir haben", entgegnete das Kind.

Da wurde Michael ganz rot vor Freude: „Ich will dir alles schenken, was ich habe", stammelte er freudig erregt.

Da sagte das Christkind: „Drei Sachen will ich von dir haben."

Da fiel ihm Michael ins Wort: „Meinen neuen Mantel? Meine elektrische Eisenbahn? Mein schönes Buch mit den vielen Bildern?"

„Nein", erwiderte das Jesuskind, „das haben wir im Himmel auch alles und viel schöner. Dazu bin ich nicht auf die Erde gekommen. Ich will von dir etwas haben, was es bei uns im Himmel nicht gibt!"

„Was denn aber?" fragte Michael erstaunt und bekam auf einmal Angst, er hätte doch sicher nichts, was die im Himmel nicht hätten.

„Schenk mir deinen letzten Aufsatz", sagte das Christkind im Flüsterton, damit es niemand anders hören sollte.

Wie erschrak da Michael. Er begriff wohl, daß das etwas war, was es im Himmel nicht gab. „Christkind", stotterte er ganz verlegen.

Er kam ganz nahe an die Krippe und flüsterte leise: „Da hat doch der Lehrer druntergeschrieben: Nicht genügend!"

„Eben deshalb will ich ihn haben", antwortete das Christkind.

„Aber warum denn?" fragte Michael.

„Du sollst mir immer deine schlechten Arbeiten bringen. Und wenn du zu mir kommst, will ich dir bei deinen Arbeiten helfen. Dann wird da alles besser. Versprichst du mir das?" sagte das himmlische Kind.

„O wie gern", antwortete Michael.

„Aber ich will noch ein zweites Geschenk von dir", bat das Christkind.

Hilflos guckte Michael.

„Deinen Milchbecher", fuhr das Kind fort.

„Aber den habe ich doch heute zerbrochen", entgegnete der Junge.

„Ja, Michael, du sollst mir immer alles bringen, was du im Leben zerbrochen hast. Ich will es wieder heil machen. Versprichst du mir auch das?"

O wie gern wollte Michael das versprechen!

„Aber nun mein dritter Wunsch", sagte das Christkind. „Du sollst mir nun noch die Antwort bringen, die du der Mutter gegeben hast, als sie fragte, wie denn der Milchbecher kaputtgegangen sei."

Da legte Michael die Stirn auf die Kante der Krippe und weinte bitterlich. „Ich ... ich ... ich", brachte er unter Schluchzen mühsam hervor, „ich habe der Mutter vorgelogen, die Katze sei auf den Tisch gesprungen und habe den Becher umgestoßen. Und ich habe ihn doch selber auf die Erde fallen lassen."

„Du sollst mir immer alle deine Lügen, deinen Trotz, alles, was du Böses getan hast, bringen", sagte das Christkind. „Und wenn du zu mir kommst, will ich sie dir vergeben und will dir helfen, gegen dies alles anzugehen. Willst du mir auch dies versprechen?"

Da hob Michael den Kopf und blickte das Jesuskind dankbar an: „Ja, das will ich!"

Sicher haben Sie schon längst gemerkt, wie der kleine Junge das alles erleben konnte. Er war im Zuschauen eingeschlafen und hatte das alles geträumt. Aber was er da an der Krippe erlebt hat, das ist nicht bloß ein Traumbild, sondern wirklich wahr und gültig für kleine und große Menschen.

Wenn Sie jetzt genug Phantasie haben, können Sie sich vorstellen, daß das Kind uns alle anredet. Und daß es einen Wunschzettel aufrollt, und auf dem Wunschzettel steht verschiedenes, was es von uns haben möchte.

Da sagt das Christus-Kind zu dem einen: „Von dir möchte ich den Fernseher haben."

Und da sagt derjenige: „Den Fernseher? Also, du bist doch wirklich der König des Himmels und der Erden, du kannst doch weit genug sehen, du brauchst doch keinen Fernseher!"

„Nein, ich brauche ihn auch nicht – du kannst ihn mir aber trotzdem geben." – „Und warum soll ich das?"

„Vielleicht für ein paar Tage, damit du wieder einmal einen Blick hast für die Leute neben dir und nicht immer nur da hineinschaust. Darum hätte ich gern von dir den Fernseher."

Und dann kommt ein anderer, zu dem sagt das Jesus-Kind: „Von dir möchte ich gern deinen Terminkalender."

Da sagt derjenige: „Terminkalender? Warum das denn? – Also: Ohne Terminkalender, da bin ich erledigt, da kann ich nichts mehr anfangen."

„Ja", sagt das Jesus-Kind, „ich möchte gern den Terminkalender, um einiges rauszustreichen, damit du wieder etwas mehr Zeit für mich hast."

Und dann kommt noch jemand – eine Großmutter. Das Jesus-Kind sagt zu ihr: „Ich möchte gern von dir ein paar Tage haben."

Da sagt die Großmutter: „Ich bin so allein, meine Tage sind leer und grau. Da wirst du keine Freude dran haben."

Da sagt das Jesus-Kind: „Gib sie mir, damit ich sie mit meinem Licht erfülle."

Und dann kommt jemand, der ist zugedeckt mit einem riesigen Rock und oben noch mit einer Kapuze, man weiß gar nicht, ist es eine Frau, ist es ein Mann – das Gesicht ist auch versteckt. Und zu dieser Gestalt sagt das Jesus-Kind: „Gib mir das mal her, was dich so bedrückt – deine Sorgen und deine Ängste. Und alles, was du verhüllst und verbirgst in dir, das gib mir her."

Wir beten: Lieber Herr! Die Freuden und die Tränen sind dicht beieinander – heute auch. Und wir danken, daß du zusammenhältst, was für uns auseinanderfällt, und daß du gekommen bist, unser ganzes Leben hell zu machen. Mit jener Helligkeit, die wir uns nicht geben können und die auch die dunklen Orte unseres Lebens hell macht. Wir bitten dich, daß wir mit Freude und Dank Weihnachten feiern können – über alles hinweg. Aber auch, daß wir nicht vergessen, wie rund um uns herum die Dunkelheit nach vielen Menschen greift in vielen Kontinenten. Manchmal als Hunger, manchmal als Krieg, manchmal als Terror. Es ist so vieles, was wir nicht verstehen. Und wir wollen das nicht vergessen und das Licht dorthin tragen, wo die dunklen Orte dieser Erde sind. Dazu mach uns hell, dafür ermächtige du uns, und dazu gib uns Herzen, die dich verstehen und die sich entzünden lassen an deiner Liebe. Amen.

(Aus: Johannes Kuhn, „Das Kind, dem alle Engel dienen".)

Wohlan, alle, die ihr durstig seid,
kommt her zum Wasser!
Und die ihr kein Geld habt,
kommt her, kauft und eßt!
Kommt her und kauft ohne Geld und umsonst
Wein und Milch!
Neigt eure Ohren her und kommt her zu mir!
Höret, so werdet ihr leben!
Ich will mit euch einen ewigen Bund schließen,
euch die beständigen Gnaden Davids zu geben.

Jesaja 55,1.3

Wen da dürstet,
der komme zu mir und trinke!
Wer an mich glaubt, wie die Schrift sagt,
von dessen Leib werden Ströme
lebendigen Wassers fließen.

Johannes 7,37.38

Jesus ist kommen, die Quelle der Gnaden.
Komme, wen dürstet, und trinke, wer will.
Holet für euren verderblichen Schaden
Gnade aus dieser unendlichen Füll.
Hier kann das Herze sich laben und baden.
Jesus ist kommen, die Quelle der Gnaden.

Johann Ludwig Konrad Allendorf (1693-1773)

Öffne dein Herz weit, um zu empfangen, was Gott gibt! Du wirst mehr als genug Gelegenheit haben, das Empfangene wieder weiterzugeben. Empfange noch, ehe du geben mußt! Lebe von dem, was Gott gibt! *Charles de Foucauld*

Ich weiß nicht, wie voll Ihr Gabentisch an Weihnachten war. Vielleicht lag mehr darauf, als Sie brauchen können. Manches davon verbraucht man rasch, anderes veraltet oder wird mit der Zeit unbrauchbar.

Auch wenn große Wünsche für Sie in Erfüllung gegangen sind – es wird immer wieder neue Wünsche und Bedürfnisse geben.

Es gehört zu unserem Menschsein, Wünsche zu haben, sich über erfüllte Wünsche zu freuen und über unerfüllte Wünsche traurig zu sein.

Ein Wunsch wird nie unerfüllt bleiben: der Wunsch, aus der „unendlichen Fülle der Gnadenquelle" zu trinken. So oft wir auch kommen: Der Gabentisch ist voll!

Ich freue mich über die bilderreiche Sprache, mit der Allendorf das beschrieben hat: „... hier kann das Herze sich *laben* und *baden* ..."

Da geht es nicht um Probieren und Naschen. Da geht es um die ganze Fülle!

Das bleibt nicht nur auf die Weihnachtstage beschränkt. Das reicht über die Schwelle des neuen Jahres und ist ein Ganzjahres-Angebot!

*

Herberge

Jetzt liegen die Weihnachtstage schon wieder hinter uns, und wir richten unser Augenmerk auf den Jahreswechsel. Doch gerade mit dem Stichwort vom „Wechsel" rühren wir an etwas, das uns in der Weihnachtsgeschichte so menschlich-notvoll begegnet. Wechsel bedeutet ja auch Unsicherheit und Ungeborgensein.

Der Ortswechsel von Nazareth nach Bethlehem hat für Maria und Josef eine Situation geschaffen, die von Unsicherheit und Ungeborgensein zeugt. Es klingt uns noch in den Ohren: „... denn sie hatten keinen Raum in der Herberge."

Aber jeder Mensch sehnt sich nach Herberge, nach einem Ort der Geborgenheit, nach einem Zuhause.

Wenn Augustinus sagt: „Unser Herz ist unruhig in uns, o Gott, bis daß es Ruhe findet in dir!", dann weist auch das eben auf das menschliche Sehnen nach Geborgenheit und Heimat.

Von seinem sprachlichen Ursprung her gesehen, steckt im Begriff „Herberge" die Bedeutung: „ein das Heer bergender Ort". Im Laufe der Zeit hat sich aber diese Bedeutung erweitert und gewandelt in „Lager, Zuflucht, Obdach, Wohnung". Heute ist Herberge das Haus, in dem Fremde übernachten. Wer nicht zu Hause sein kann, soll in der Herberge ein Ersatz-Zuhause finden.

Der Heiland der Welt findet bei seinem Kommen in diese Welt keinen Raum in der Herberge. Er nimmt das auf sich, damit die Herbergslosigkeit der Menschen endgültig ein Ende finde. Er wird uns zur Herberge, zur Heimat!

Nach ermüdender Wanderschaft,
nach sengender Hitze des Tages,
nach aufreibender Last des Alltags,
Sehnsucht und Ziel:
HERBERGE!

Nach Tappen im Dunkeln,
nach erstarrender Kälte der Nacht,
nach endlosem Tränental,
Sehnsucht und Ziel:
HERBERGE!

Nach Verlassenheit,
Einsamkeit,
Angst,
Sehnsucht und Ziel:
HERBERGE!

Was dem Durstigen die Quelle,
dem Hungrigen das Brot,
dem Müden das Bett,
dem vor Kälte Erstarrten der Ofen:
das, Herr, bist DU mir.
HERBERGE und HEIMAT.
Ruhe und Rast.

Herr, bergen will ich mich bei DIR,
HERBERGE finden, HEIMAT haben.
Herr, berge mich in DIR!

Silvester

Und das Leben ist erschienen,
und wir haben gesehen und bezeugen
und verkündigen euch das Leben,
das ewig ist,
das beim Vater war
und uns erschienen ist.

1. Johannes 1,2

Jesus ist kommen, die Ursach zum Leben.
Hochgelobt sei der erbarmende Gott,
der uns den Ursprung des Segens gegeben;
dieser verschlinget Fluch, Jammer und Tod.
Selig, die ihm sich beständig ergeben.
Jesus ist kommen, die Ursach zum Leben.

Johann Ludwig Konrad Allendorf (1693-1773)

Das Klare suchen, das Wahre tun, die Liebe leben: Das wird uns gesund machen. *Alfred Delp*

Bei vielen Menschen setzt nach einer Reihe von Festtagen der „Seelenschmetter" ein. Sie haben einen „Kater" – auch ohne alkoholische Getränke. Sie hatten sich hochgejubelt, und jetzt geht ihnen die Luft aus, und sie schrumpfen zusammen wie ein Luftballon drei Tage nach dem Jahrmarkt. Sie brauchen in regelmäßigen Abständen besondere Erlebnisse und „Muntermacher", damit sie über die Runden kommen. Dazwischen befinden sich die nebligen Tiefzonen.

Da ist uns von Weihnachten her ein anderes Programm angeboten. Johannes sagt es kurz und bündig: „Das Leben ist erschienen!"

Das ist mehr als Festtagsaufheiterung. Das ist etwas Dauerhaftes, Bleibendes. Jesus ist die „Ursach zum Leben". Jetzt lohnt es sich nicht nur zu leben, sondern damit ist die eigentliche Lebenssubstanz, die Lebensfüllung angeboten.

Wenn dieses Wort: „Das Leben ist erschienen" heute am letzten Tag des alten Jahres steht, dann nicht in dem Sinne: Das war's! Mal sehen, wie es weitergeht!

Nein, es ist ein Startkapital für das neue Jahr, das wiederum 365 Tage voll ausreicht.

„Das Leben ist erschienen!" – Darum: „Selig, die ihm sich beständig ergeben!"

*

Von guten Mächten

Von guten Mächten treu und still umgeben,
behütet und getröstet wunderbar,
so will ich diese Tage mit euch leben
und mit euch gehen in ein neues Jahr.

Noch will das alte unsre Herzen quälen,
noch drückt uns böser Tage schwere Last,
ach, Herr, gib unsern aufgescheuchten Seelen
das Heil, für das du uns bereitet hast.

Und reichst du uns den schweren Kelch, den bittern,
des Leids, gefüllt bis an den höchsten Rand,
so nehmen wir ihn dankbar ohne Zittern
aus deiner guten und geliebten Hand.

Doch willst du uns noch einmal Freude schenken
an dieser Welt und ihrer Sonne Glanz,
dann wolln wir des Vergangenen gedenken,
und dann gehört dir unser Leben ganz.

Laß warm und still die Kerzen heute flammen,
die du in unsre Dunkelheit gebracht,
führ, wenn es sein kann, wieder uns zusammen.
Wir wissen es, dein Licht scheint in der Nacht.

Wenn sich die Stille nun tief um uns breitet,
so laß uns hören jenen vollen Klang
der Welt, die unsichtbar sich um uns weitet,
all deiner Kinder hohen Lobgesang.

Von guten Mächten wunderbar geborgen,
erwarten wir getrost, was kommen mag.
Gott ist mit uns am Abend und am Morgen
und ganz gewiß an jedem neuen Tag.

Dietrich Bonhoeffer

*

Das Silvesterbuch

Sabine Leibholz-Bonhoeffer berichtet in ihrem Buch „Weihnachten im Hause Bonhoeffer“ von einem schönen Brauch ihres Elternhauses. Jedes Jahr zu Silvester zogen sich die Eltern zurück und schrieben in ein Buch die wichtigsten Ereignisse des abgelaufenen Jahres.

Dieses Silvesterbuch – so hieß es in der Familie – blieb den Kindern zwar verschlossen. Aber später erwies es sich als ein großer Schatz: Die Vergangenheit wurde lebendig, Einzelheiten waren festgehalten und zeigten, wie die Eltern sie bewertet hatten.

Heute besteht – dank der Technik – auch die Möglichkeit, ein solches „Silvesterbuch“ akustisch festzuhalten. Auf ein Tonband oder eine Tonbandkassette sprechen Eltern und Kinder die wichtigsten Erlebnisse des vergehenden Jahres. Der Bericht kann auch durch Lieder, Gedichte und Musik ergänzt werden.

Neujahrstag

Und alles, was ihr tut
mit Worten oder mit Werken,
das tut alles im Namen des Herrn Jesus
und dankt Gott, dem Vater durch ihn.

Kolosser 3,17

Hilf, Herr Jesus, laß gelingen,
hilf, das neue Jahr geht an;
laß es neue Kräfte bringen,
daß aufs neu ich wandeln kann.
Neues Glück und neues Leben
wollest du aus Gnaden geben.

Johann Rist (1607-1667)

Wir wissen nicht, was kommt. Wir wissen nur, daß jeder Tag mit allem, was er bringen mag, aus Gottes Händen kommt.
Kurt Rommel

In diesen Tagen haben Hufeisen, Glücksschwein und Schornsteinfeger – verbunden mit entsprechenden Glückwünschen – wieder Hochsaison. Viele, die diese Glückwünsche aussprechen oder auf Neujahrskarten verschicken, werden dabei innerlich zittern und bangen, vor der Ungewißheit ihrer eigenen Zukunft.

Das einzige, was sie mit Bestimmtheit sagen können, ist: „Wir wissen nicht, was kommt!"

Es mag darum anmaßend klingen, wenn nun Christen mit noch größerer Bestimmtheit sagen können: „Wir wissen, ... daß alles aus Gottes Händen kommt!"

Das ist zwar kein Garantieschein dafür, daß nicht auch schwere Führungen darin enthalten sind. Als Christen haben wir es nicht besser – aber wir haben es gut!

Gut deshalb, weil unsere Vergangenheit, Gegenwart und Zukunft in den Händen Gottes ruhen! Was wollen wir noch mehr?

*

Die Namensgebung Jesu

Als die christliche Kirche um die Mitte des 4. Jahrhunderts das Fest der Christgeburt schuf und auf den 25. Dezember festlegte, wurde der 1. Januar als der achte Tag darauf zur „Oktav" dieses neuen Festes und erhielt als Evangelium die Stelle bei Lukas im zweiten Kapitel zugeordnet: Als acht Tage vergangen waren, gab man ihm den Namen Jesus, der schon vor seiner Empfängnis von dem Engel genannt worden war.

Der Neujahrstag ist demnach der Namenstag Jesu; sein Name steht am Anfang und hoch über allen andern. Er bedeutet: „Jahwe ist Rettung" und kann also mit dem deutschen Eigennamen Gotthilf übersetzt werden. Doch erhält er seinen prägenden Inhalt nicht vom Wortsinn her, sondern vom Herrn selbst und seinem Evangelium. „Wie in dem Zeichen des Kreuzes alle Erinnerungen an den, der am Kreuz hing, zusammengefaßt werden", sagt Wilhelm Löhe, „so sind alle Erinnerungen für das Ohr in dem schönen Jesusnamen vereinigt, und im Klang seiner fünf Laute ertönt das ganze Evangelium wie in einer Summe.

Er wird sein Volk selig machen von allen ihren Sünden, so erklärte der Engel den Namen, als er die Geburt des lang Verheißenen ankündete; das ist die Weissagung, die an diesem Tag auf sein junges Haupt gelegt wurde; das ist die Überschrift, die für seinen ganzen Lebenslauf noch mehr zutrifft als die andere große Überschrift des Kreuzes von Pilatus' Hand. Mit Siegesgewißheit wird dem Retter die Lebensaufgabe zugeschrieben: Von Sünden befreien, selig machen, nicht einen Menschen, nicht ein Volk, sondern sein aus allen Zeiten und Zonen zusammengebrachtes geistliches Israel. Welch eine Aufgabe in einem einfachen Namen! Gott verlieh ihn, damit sich in dem Namen Jesus aller Knie beugen, die im Himmel und auf Erden und unter der Erden sind, und alle Zungen bekennen sollen, daß Jesus Christus der Herr sei zur Ehre Gottes des Vaters."

Von den zahlreichen Würdenamen, die dem Herrn im Neuen Testament und also von der frühchristlichen Gemeinde zugelegt wurden, hat sich der Titel Messias, das ist der „Gesalbte", auf griechisch der „Christus", so eng mit dem Jesusnamen verbunden, daß er zum Eigennamen geworden ist. „Jesus Christus, gestern und heute und derselbe auch in Ewigkeit."
(Aus: Jörg Erb, „Geduld und Glaube der Heiligen".)

Die Beschneidung

Acht Tage nach seiner Geburt wurde jeder hebräische Knabe beschnitten, ein Zeichen des besonderen Bundes zwischen Gott und seinem auserwählten Volk, das auf Abraham zurückgeht (1. Mose 17,10 ff.). Bei dieser Zeremonie wurde dem Kind auch formell der Name gegeben. Dieser Ritus war eines der wichtigsten Kennzeichen der jüdischen Religion. Jüdische Gelehrte behaupten sogar, daß die höheren Engel in beschnittenem Zustand geschaffen worden seien.

Unter normalen Umständen wäre der am nächsten lebende Rabbi in das Haus von Joseph und Maria gekommen, um die Zeremonie vorzunehmen. Aber da sie vielleicht noch in der Höhle lebten – oder, was wahrscheinlicher ist, in einer gemieteten Wohnung in Bethlehem –, nahmen sie das Kind vermutlich in eine Synagoge in der Nähe mit, um es beschneiden zu lassen. Vielleicht bat Joseph den Rabbi, ihm helfen zu dürfen, was unter diesen erfreulichen Umständen durchaus üblich war, und der Rabbi erklärte sich freundlich einverstanden. Immer war die Zeremonie der Beschneidung bzw. Namensgebung Grund großer Freude unter den Eltern, Verwandten und Freunden, wovon viel in die spätere christliche Taufe übernommen wurde. Im Falle Jesu teilten wahrscheinlich nur Joseph, Maria und der unbekannte Rabbi die Freude, daß wieder ein Sohn Israels in den wunderbaren Bund mit Gott eingefügt wurde. Das Baby erhielt einen passenden biblischen Namen, nämlich den des Nachfolgers Moses, des Führers der Hebräer: Joshua oder Yeshua. Er bedeutet „Gott rettet“ oder „Gott ist die Rettung“. Spätere Zeitalter gaben der griechischen Form des Namens – Jesus – den Vorzug.

Die ersten Tage nach der Beschneidung waren für das Baby unangenehm, weil sie mit Schmerz und erstem Blutvergießen verbunden waren. Es sollte aber noch viel mehr leiden.
(Aus: Paul L. Maier, „Das größte Ereignis“.)

Ich aber und mein Haus
wollen dem Herrn dienen.

Josua 24,15

Jesus soll die Losung sein,
da ein neues Jahr erschienen;
Jesu Name soll allein
denen zum Paniere dienen,
die in seinem Bunde stehn
und auf seinen Wegen gehn.

Benjamin Schmolck (1672-1737)

E*in Wunder ist das Leben, das Gott uns erhält. Ein Wunder ist der Dienst, den Gott uns erlaubt. Ein Wunder ist das Reich, zu dem Gott uns beruft.* *Friedrich von Bodelschwingh*

Es genügt nicht, daß der Spruch aus Josua 24 – in Holz gebrannt – in den Hauseingängen der Frommen hängt. Holz ist geduldig – und reißt höchstens, wenn die Luft zu trocken ist.

Wenn das Josua-Wort aber tief in unsere Herzen eingeprägt ist und unsere Lebensweise beherrscht und angibt, dann wird es im Hauseingang überflüssig.

Nun soll dieses Losungswort aber nicht nur zu den üblichen „guten Vorsätzen" gehören, die man am Jahresanfang faßt. Und doch geht es nicht ohne Vorsatz. Nur wer seine Vorsätze auch durchsetzt, wird im Nachsatz seines Lebens lesen können: Das Ziel erreicht!

Aber das hat mit eigener Leistung und Anstrengung wenig zu tun. Es ist Gottes Handeln an uns und durch uns.

Es ist und bleibt ein Wunder: das Leben – der Dienst – das Reich!

Jahreswechsel

Mit dem Wort „Jahreswechsel" bezeichnen wir das Ende bzw. den Anfang des Natur- oder Sonnenjahres, den letzten Tag des alten und den ersten Tag des neuen Jahres. Was veranlaßt die Kirche, den Jahreswechsel festlich-kirchlich zu begehen?

Zur Geschichte

Jeder Mensch hat ein Gespür für die vergehende Zeit. Sie wird besonders erfahren beim Jahresende und beim Jahresanfang, also beim Jahreswechsel. In jeder Religion wird der Jahreswechsel in irgendeiner Form festlich oder feierlich begangen. Nur war immer die Frage, wann der Jahreswechsel festzulegen ist. Im Mittelalter gab es in Europa noch keine einheitliche Regelung. Sechs verschiedene Jahresanfänge sind uns aus dieser Zeit bekannt. Alle diese sechs Jahresanfänge markieren das Sonnenjahr, das als Zeiteinheit aus Ägypten kommt.

Der *1. Januar* war Jahresanfang des römischen Volkes und zugleich des julianischen Kalenders. Obwohl heidnischen Ursprungs, war er im Mittelalter im bürgerlichen Leben maßgebend. Und als dann im ausgehenden Mittelalter gedruckte Kalender mit Jahresanfang 1. Januar verbreitet wurden, setzte sich dieser Termin allgemein und offiziell durch.

Der *1. März* war in der frühchristlichen Kirche üblich, weil er nahe beim Osterfest war. Im fränkischen Reich begann das Jahr bis zum achten Jahrhundert am 1. März, in Rußland bis zum 13. Jahrhundert und in Venedig sogar bis 1797. Der Termin konnte sich aber nicht durchsetzen.

Ebensowenig konnte sich der *Osteranfang* als Jahresanfangstermin halten, da er durch den wechselnden Ostertermin nicht festzulegen war und die Jahre dadurch verschieden lang wurden. Trotzdem war dieser Termin in Frankreich bis ins ausgehende Mittelalter bekannt, sogar in Köln hat man das Jahr an Ostern begonnen. Dies ist vom christlichen Glauben her sehr bedeutsam: Mit dem neuen Leben Jesu beginnt ein neues Jahr.

Der *1. September* war der Neujahrstag des oströmischen Reiches (Byzanz). An diesem Tag wurde auch in Süditalien, in Rußland und auf dem Balkan das Jahr begonnen.

Weihnachten war der in Deutschland, Skandinavien und England beliebteste Termin. Auch für Martin Luther begann das Jahr mit der Geburt Jesu. Das alte Jahr schloß mit dem 24. Dezember, dem Tag von Adam und Eva. Mit dem Kommen des zweiten Adam, mit der Geburt Jesu, begann die neue Zeit. Jedes Weihnachten und damit jedes neue Jahr erinnert daran. Bis ins 16. Jahrhundert hinein war der Geburtstag Jesu zugleich Neujahrstag.

Der *25. März* (auch der Tag der Verkündigung der Geburt Jesu an Maria) wurde in Italien gewählt, weil Jesu Menschwerdung nicht erst bei seiner Geburt, sondern schon bei seiner Empfängnis begonnen habe. Dieser Termin wurde mit der Verbreitung des Marienkultes üblich und war bis 1752 in England (seit dem 12. Jahrhundert) der offizielle, amtliche Jahresbeginn.

Interessant ist aber, daß sich kein kirchlich-christlich-theologischer Jahresanfang im christlichen Abendland als offizieller Jahresanfang durchsetzte, sondern der aus dem Heidentum stammende 1. Januar.

Das heidnische Fest

Der Jahreswechsel macht das Vergehen der Zeit bewußt, zugleich aber immer auch den Anfang einer neuen Zeit. Dieses Vergehen und Anfangen weckt im Menschen Schuldgefühle und Angst, aber auch Hoffnung und Wissen um Neuschöpfung, unabhängig davon, ob es sich um Christen oder Nichtchristen handelt.

Unter nichtchristlichen Jahreswechsel-Ritualen sind zum Beispiel folgende zu finden: Fasten, Waschungen, Reinigungszeremonien ganzer Gruppen, Auslöschen und Neuanzünden des Feuers. Dann gibt es Dämonen-Austreibungen mit viel Lärmen, Schreien und Schlagen.

Manchmal werden sogar Tiere oder Menschen in die Wüste geschickt, das heißt, die Sünde, das Böse wird aus der Gemeinschaft, aus der Gesellschaft ausgestoßen. Berichtet wird von Orgien und Maskenumzügen ganzer Gruppen. Die Masken sollen Götter andeuten oder auch Ahnen, weil man beim Jahresende mit dem Besuch der Seelen der Toten rechnete. Mit den verschiedenen Reinigungsriten sollte und wollte man das alte Jahr mit seiner Schuld und Belastung hinter sich bringen. Man wollte neu anfangen.

Bei solchen Ritualen wird verständlich, daß die Kirche von Anfang an gegen den 1. Januar zu Felde zog. An diesem Tag, der als einziger der sechs Neujahrstage als solcher schon immer festlich begangen wurde, feierte das Volk sein heidnisches Fest bis hin zu parodierten Messen. Predigten und Konzilsbeschlüsse (567 in Tours) konnten die heidnischen Bräuche kaum unterbinden. Die Kirche versuchte darum (wie sie es etwa beim Christfest mit Erfolg getan hatte!), den Neujahrstag mit anderen Inhalten zu belegen; zum Beispiel als Buß- und Fasttag. Oder man feierte den 8. Tag nach Weihnachten (Weihnachtsoktav) als Fest der Beschneidung Jesu oder als Marienfest (so im 6. Jahrhundert in Rom). Für Luther begann das Jahr mit Jesu Geburtstag. Darum feierte er am 1. Januar Christi Beschneidung und die Namensgebung des Herrn. Daß Luthers Jahr mit dem 25. Dezember begann, zeigt sein Lied EKG 16,15: „... des freuen sich der Engel Schar' und singen uns solch neues Jahr."

Nach Luthers Tod schwenkten die anderen Reformatoren (Philipp Melanchthon und Johannes Brenz zum Beispiel) allerdings ein und machten den 1. Januar zum christlichen Neujahrstag. Der Jahreswechsel, der Altjahrabend und der Neujahrstag. Neben der evangelischen Kirche die Möglichkeit des Rückblicks und Ausblicks in Dank und Bitte. Lieder des Gesangbuchs (EKG 36; 39; 41; 43) zeigen diesen Wandel an. Die katholische Kirche berücksichtigt in ihrer Liturgie den Jahreswechsel immer noch nicht. Und wenn evangelische Agenden versuchen, den christlichen Jahreswechsel wieder abzuschaffen, dann ist dieser Versuch zum Scheitern verurteilt. Der Kirchenjahreswechsel am ersten Advent kann den Naturjahreswechsel nicht ersetzen.

Der Altjahrabend hat in den Kalendern oft den Namen Silvester. Das meint den Papst Silvester I., der am 31. Dezember 335 gestorben ist. Er lebte zur Zeit des Kaisers Konstantin des Großen. Unter seinem Regiment wurden die Christenverfolgungen beendet. Nach der Legende soll Papst Silvester I. den Kaiser Konstantin vom Aussatz geheilt haben. Der Altjahrabend Silvester ist kein offizieller kirchlicher Feiertag.

Bräuche

Heute bieten die christlichen Gemeinden am Altjahrabend und am Neujahrsmorgen Gottesdienste an, die am 31. Dezember meistens mit Abendmahlsfeiern verbunden sind. Oft werden auch Mitternachtsgottesdienste gehalten, und die Kirchenglocken läuten das neue Jahr ein.

Themen der Altjahresgottesdienste sind Rückblick auf das vergehende Jahr, Dank, Bekenntnis der Schuld, Bitte um Vergebung. Kirchengemeinderäte ziehen da und dort öffentlich Bilanz. Die Statistik der Gemeinde wird verlesen. Als Predigttext bietet sich die Jahreslosung des zu Ende gehenden Jahres an.

Themen des Neujahrsgottesdienstes – wegen der nächtlichen Festivitäten meist schlecht besucht – sind Ausblick, Bitte, Hoffnungen und Erwartungen, kaum die Beschneidung Jesu, gelegentlich die Namengebung Jesu. Als Text wird meist die Jahreslosung des neuen Jahres gewählt.

Die Kirche hat wohl ihr eigenes Jahr, das mit dem 1. Advent beginnt. Sie wäre aber schlecht beraten, würde sie sich vom 1. Januar als Jahresanfang distanzieren und nicht die Chance nützen, zur vergehenden und in Gottes Händen stehenden Zeit etwas zu sagen. Da die heidnischen Bräuche (Bleigießen, Lärmen, Knallen usw.) noch nie tot waren und überall fröhliche Urständ feiern, muß die Kirche, müssen die Christen zum Thema „Zeit und Ewigkeit“ ihren Beitrag geben, zum Beispiel „Meine Zeit steht in deinen Händen“ (Psalm 31,16) oder „Jesus Christus, gestern und heute und derselbe auch in Ewigkeit“ (Hebräer 13,8).
(Aus: Kurt Rommel, „Anker, Bibel, Christuszeichen“.)

Ich bin gekommen,
damit sie das Leben
und volle Genüge haben sollen.

Johannes 10,10

Wenn ich leer bin – meine Fülle,
bin ich arm – der Reichtum mein,
in der Unruh – meine Stille,
in der Nacht – mein heller Schein.
Drum in seinen Liebesarmen
darf ich ruhen immerdar;
unterm Schatten seiner Flügel
bin ich sicher Jahr um Jahr!

Wilhelmine Schaible (um 1900)

Die Freiheit, wir selbst zu sein, empfangen wir nur, wenn wir freiwerden für Gott. Nur wer Gott gefunden hat, findet sich selbst. *Helmut Thielicke*

Sechs Richtige mit Zusatzzahl! – Wer wünschte sich das nicht am Anfang des Jahres? Das würde uns manche Sorge nehmen. Langgehegte Wünsche könnten mit einem Schlag erfüllt werden.

Aber um das zu erreichen, muß man Glück haben. Viele spielen ihr Leben lang Lotto und gewinnen nichts. Andere holen nach Jahren vielleicht ein paar Hunderter heraus. Aber das große Los!? – Der Einsatz dafür ist immens.

Nun bietet Jesus „das große Los“ an. Und bei ihm heißt es nicht: „Mit fünf Mark sind Sie dabei!“ – Wir müssen nur das „Ja“ zu ihm sagen. Nur das „Ja“! Aber vielen ist dieser Einsatz zu hoch!

Bei Jesus heißt es wirklich: „Alles oder nichts!“ – Und so begnügen sich viele mit dem „Nichts“, weil sie nicht „Alles“ einsetzen wollen. Sie versuchen es lieber mit ihren fünf Mark.

Wie ist das eigentlich bei uns? Ist da die Entscheidung schon gefallen? Die „Annahme“ ist noch nicht geschlossen!

*

Es war einmal ein neues Jahr ...

Etwas verächtlich und überlegen schaute es auf das alte Jahr zurück. Offensichtlich hatte dieses im Laufe seines Lebens manches abbekommen, hatte verschiedene Risse und Flicken vorzuweisen. Falten und Runzeln durchfurchten seine Stirn. Offen und ehrlich hatte es zugegeben, daß es nicht noch einmal von vorne beginnen möchte. Es sei nun alt und lebenssatt.

Aber alle diese Merkmale des Alters waren ja noch längst kein Beweis dafür, daß es ein Leben ohne Inhalt und Gewicht gewesen war. Oh, es hatte wirklich gute Zeiten erlebt! An manchen Tagen seines Lebens hatte der Nachrichtensprecher bei den Wetterprognosen die Worte gesprochen: Vorwiegend heiter! Das ist schließlich auch etwas!

Doch es ist nun mal eine immer wieder sich bestätigende Erfahrung, daß die Alten im Rückblick ihr Leben etwas vergolden. Die Jungen dagegen sehen im Leben der Alten oftmals nur die Unterlassungssünden und Defizite. „Wir wollen es besser machen!“ sagen sie dann.

Darin machte das „Neue Jahr“ keine Ausnahme. Es war nicht so programmlos über die Altjahresschwelle gestürzt und kindlich-naiv ins Dasein eingetreten. Ihm sollte es nicht ergehen wie manchen seiner Vorfahren, die fast die Hälfte ihres Lebens unter dem Motto verbracht hatten: „Mal sehen, was kommt!“ – Schließlich kann man die Gestaltung seines Lebens nicht dem Schicksal überlassen.

So hatte es kurz nach Mitternacht, als die Glocken das Altjahr zu Grabe läuteten, die Ärmel hochgekrempelt und sich an die Arbeit gemacht.

Um alle Ideen verwirklichen zu können, könnte es eigentlich

zwei Leben brauchen. Darum wollte es keine Zeit verlieren. Es würde sicherlich einmal als ein besonderes Jahr in die Geschichte eingehen!

Ungeduldig schaute das „Neue Jahr“ auf die Uhr, die im Gleichschritt ihren Weg ging. „Nur ruhig Blut“, schien sie zu sagen, „alles hat seine Zeit. Gut Ding will Weile haben!“ Monate später erschien das „Neue Jahr“ – das heißt, so neu war es gar nicht mehr – bedeutend stiller und ausgeglichener. Es hatte schon einige Fehl-, Rück- und Tiefschläge in Kauf nehmen müssen. Einzelne Gebrechen machten sich bereits bemerkbar, und die Kräfte hatten ein wenig nachgelassen.

Es mußte an seine Vorgängerin denken. Ganz so schlecht und daneben war das letzte Jahr eigentlich auch nicht gewesen. Vielleicht mußte man zufrieden sein, wenn man nicht hinter dem Ergebnis des letzten Jahres zurückblieb. Insgeheim tat es dem alten Jahr Abbitte, und aus seinem Herzen stieg die Bitte empor, daß ihm ein gnädiges Jahr folgen möge!

Er aber, der Gott des Friedens,
heilige euch durch und durch
und bewahre euren Geist samt Seele und Leib
unversehrt, untadelig für die Ankunft
unseres Herrn Jesus Christus.
Treu ist er, der euch ruft;
er wird's auch tun.

1. Thessalonicher 5,23-24

Gott ist getreu. Er tut, was er verheißt;
er hält, was er verspricht.
Wenn mir sein Wort den Weg zum Leben weist,
so gleit und irr ich nicht.
Gott ist kein Mensch, er kann nicht lügen.
Sein Wort der Wahrheit kann nicht trügen.
Gott ist getreu.

Ehrenfried Liebich (1713-1780)

Behandle Gottes Zusagen nicht wie Museumsstücke, sondern glaube ihnen und mache von ihnen Gebrauch.

C.H. Spurgeon

Kürzlich war ich wieder einmal in einem Museum. Seltene und kostbare Gegenstände waren da ausgestellt. Aber sie standen entweder hinter Glas oder es waren Schildchen angebracht: „Berühren verboten!" Und das Wachpersonal mit seinen Argusaugen hätte wohl jede Zuwiderhandlung bemerkt und gerügt. Wer möchte sich schon vor den Augen und Ohren der übrigen Kunstfreunde wegen seiner Fingerabdrücke auf Kunstgegenständen anschnauzen lassen? Und so habe ich kunstbeflissen alle Objekte nur mit meinen Augen liebevoll gestreichelt.

Manche Leute haben so viel Ehrfurcht vor Gottes Zusagen, daß sie auf Distanz bleiben und jede Berührung vermeiden. Dabei sind Gottes Verheißungen und Zusagen wirklich zum Anfassen. Da dürfen wir getrost Fingerabdrücke hinterlassen und zupacken. Da steht nicht: „Berühren verboten!", sondern: „Bitte mitnehmen!"

Die Bibel hat für jeden neuen Tag des Jahres eine neue Verheißung! Nur nicht zimperlich beim Zupacken! Vor allem: Die Verheißungen Gottes werden dadurch, daß viele sie in Anspruch nehmen, nicht dünner, schwächer oder wirkungsloser. Also nur keine Hemmungen. Wir werden nicht gerügt! Wir sind nicht im Museum!

*

Es war einmal ein Schneemann ...

Lautes Freudengeschrei einer Schar munterer Kinder hatte seine Geburt angekündigt. Freilich war es nicht ganz korrekt, von einer Geburt zu sprechen. Es fehlten ihm dazu die Eltern, und außerdem war er viel zu groß für einen Säugling. Wenn schon, dann müßte bei ihm von einem Schöpfungsakt die Rede sein. Das weibliche Gegenstück, das kurz darauf in unmittelbarer Nähe entstand, würde diesen Vergleich bestätigen. Aber solche Spitzfindigkeiten waren hier sowieso nicht angebracht.

Die ausgelassene Freude der Kinder über ihr gelungenes Meisterwerk veranlaßten den Schneemann und die Schneefrau, sich gegenseitig näher zu betrachten.

Die schwarzen Kohlenknöpfe im Bauch des Schneemannes, seine Gelbrübennase, die braunen Baumnußaugen und nicht zuletzt der große Reisigbesen in seinen Armen gaben ihm ein stattliches Aussehen. – „Direkt hübsch!" dachte die Schneefrau.

Auch der Schneemann musterte sein Gegenüber. Er war noch etwas befangen. Natürlich fielen ihm sofort die roten Knöpfe auf, die von einem alten Wintermantel stammen mußten. Die Nase war gelb und spitz wie bei ihm selbst. Unter dem Kopftuch aus einem gebrauchten Kartoffelsack leuchtete goldgelbes Hanfhaar hervor. Die blauen Augen darunter waren nur noch das Tüpflein auf dem „i". Der Schneemann war fasziniert.

Und während die Kinder sich nun in der Nähe mit einer Schneeballschlacht vergnügten, tauschten die beiden Schneeleute Komplimente aus. Es war Liebe auf den ersten Blick.

Tagelang schwelgten sie in begeisterter Liebe oder in liebender Begeisterung. Doch der Ehealltag hat auch graue Stunden. Plötzlich sahen sie auch Fehler und Schwächen aneinander. Sie hielten sich sogar ihr Älterwerden vor, obwohl sie das ja gemeinsam erlebten. Die Schneefrau hielt ihm vor, daß er dick werde. Doch daran war nur der tägliche Schneefall schuld.

Er bemängelte an ihr, daß sie schon graue Haare habe, was ja nur durch die Asche aus dem nahen Kamin gekommen war.

Die gegenseitige Liebe kühlte merklich ab.

Als dann nach Tagen die Sonne hervorkam, waren ihre Hinfälligkeit und das Abnehmen der Kräfte nicht mehr zu übersehen. Aber sie bewirkte noch etwas anderes. In den Herzen der beiden Schneeleute entfachte sie wieder neue, tiefere und reifere Liebe zueinander. Es war eine Liebe, die durchs Sterben ging. Schon dahinschmelzend schaute die Schneefrau ihn lange an und sagte: „Nicht wahr, mein lieber Schneemann – Liebe ist stärker als der Tod!“ Dann flossen sie zu einer großen Pfütze zusammen.

Der Gott aller Gnade aber,
der euch berufen hat
zu seiner ewigen Herrlichkeit in Christus Jesus,
der wird euch, die ihr eine kleine Zeit leidet,
aufrichten, stärken, kräftigen, gründen.
Ihm sei die Macht
von Ewigkeit zu Ewigkeit! Amen.

1. Petrus 5,10-11

Der Grund, da ich mich gründe,
ist Christus und sein Blut;
das machet, daß ich finde
das ewge, wahre Gut.
An mir und meinem Leben
ist nichts auf dieser Erd;
was Christus mir gegeben,
das ist der Liebe wert.

Paul Gerhardt (1607-1676)

Wir vergessen viel zu häufig, daß die ganze Größe Gottes in der Filigranarbeit persönlicher Tröstung und persönlicher Sorge ruht, und daß Gott nirgends größer ist als in all den Kleinigkeiten, mit denen er alle deine Kleinigkeiten hebt und heilt, wendet und endet. *Hermann Bezzel*

Wir legen allzuoft und allzuleicht an Gott den Maßstab unseres Denkens an. Dabei schneidet Gott prinzipiell schlecht ab. Ohne die Größe und Weite des Denkvermögens zu schmälern – wir können wirklich nicht groß genug von Gott denken!

Auch wenn wir keine kritischen Denker sind, und wenn wir schon gar nicht unter die Zweifler zu rechnen sind: Haben wir nicht trotzdem Mühe zu fassen, daß Gott sich auch um die „Moleküle unsrer Alltagsprobleme“ kümmert? Um den Kleinkram unseres Lebens? Wir sind ja oft in Kleinigkeiten großzügig und in großen Sachen kleinlich.

Und nun sagt Hermann Bezzel hier, daß die Größe Gottes gerade in den Kleinigkeiten sichtbar wird. Sie ruht in der „Filigranarbeit persönlicher Tröstung und persönlicher Sorge“.

Können Sie das verstehen? – Ich nicht!

Aber ich will es glauben – immer wieder und mich darüber freuen! Gott wischt auch meinen Kleinkram nicht einfach vom Tisch.

König Herodes

Da Herodes nun sah, daß er von den Weisen betrogen war, ward er sehr zornig und schickte aus und ließ alle Knäblein zu Bethlehem töten und in der ganzen Gegend, die da zweijährig und darunter waren, nach der Zeit, die er mit Fleiß von den Weisen erkundet hatte.

Matthäus 2,16

Es war nur natürlich, daß die Weisen annahmen, ein neugeborener König der Juden müsse im königlichen Palast zu Jerusalem zur Welt gekommen sein. Aber so weise sie auch waren, bewies ihre Anfrage bei König Herodes weder großes Taktgefühl noch Diplomatie. „*Wo ist der neugeborene König der Juden?*“ hätte sich für den König wohl besser angehört, wenn es anders formuliert worden wäre, z.B.: „Wo ist der neue Prinz, der dir eines Tages auf dem Thron folgen wird?“ Denn der mißtrauische Herodes entstellte die Frage der Magier sofort folgendermaßen: „Wo ist der wahre König, du Schwindler?“ Herodes mißtraute jedem und glaubte sich von jungen Thronanwärtern umgeben, die allesamt Komplotte gegen ihn schmiedeten, um an die Macht zu kommen.

Wahrscheinlich hätte er die seltsamen Besucher für solch eine Frage am liebsten ins Gefängnis werfen lassen, aber seine angeborene Klugheit unterdrückte diesen Impuls. Er mußte Interesse heucheln und jede nur mögliche Information aus ihnen herausholen, um einen etwaigen Rivalen umbringen zu können. Er versammelte also seine Priester um sich und fragte sie, wo man die Geburt des Messias-Königs erwarte. Anhand einer alttestamentlichen Prophetie konnten sie ihm Bethlehem nennen:

„*Und du, Bethlehem im jüdischen Lande, bist mitnichten die kleinste unter den Städten in Juda; denn aus dir soll mir kommen der Herzog, der über mein Volk Israel ein Herr sei*" (Micha 5,1; Matth. 2,6).

Mit argwöhnischem Blick – obwohl sein Gesicht die Maske der Liebenswürdigkeit trug – wies Herodes seine Gäste zur Stadt Davids: „*Ziehet hin und forschet fleißig nach dem Kindlein; und wenn ihr's findet, so sagt mir's wieder, daß ich auch komme und es anbete ...*", „... zum Hohn, um es dann zu töten!" ergänzte Herodes in Gedanken.

Und die Weisen hätten genau dieser Aufforderung des Herodes entsprochen, wenn ihre Pläne nicht plötzlich geändert worden wären. Matthäus berichtet:

„*Und Gott befahl ihnen im Traum, daß sie nicht sollten wieder zu Herodes gehen, und sie zogen auf einem andern Weg wieder in ihr Land*" (Matth. 2,12).

Vielleicht wandten sie sich direkt nach Osten in das unfruchtbare Land von Judäa, wobei sie die Qumran-Wüstengemeinschaft streiften, die der Welt eines Tages die Schriftrollen vom Toten Meer schenken würde. Dann überquerten sie den Jordan am oberen Ende des Toten Meeres und kehrten in ihre östliche Heimat zurück.

Herodes reagierte auf jene schroffe Zurechtweisung mit der ganzen Wut des hintergangenen und argwöhnischen alten Geistesgestörten, der er geworden war. Er befahl das grausame Blutbad an allen männlichen Kindern von zwei Jahren und darunter in Bethlehem und Umgebung und war sicher, daß der „König" unter den Opfern gewesen sein mußte.

Wenn man schätzt, daß die Stadt damals etwa 2000 Einwohner hatte, wären etwa 25 männliche Kleinkinder in diese Kategorie gefallen und erschlagen worden. Die Szene der Mütter, die verzweifelt versuchten, ihre schreienden Kinder zum Schweigen zu bringen, damit sie nicht entdeckt würden, und die dann miterleben mußten, daß sie ihnen von Soldaten des Herodes aus den Armen gerissen, auf den Boden geworfen und mit dem Schwert durchbohrt wurden, bedeutet ein Ärgernis innerhalb des Weihnachtsgeschehens, das mit der übrigen Geschichte ganz und gar nicht zu vereinbaren ist. Für jeden, der auch nur ganz geringe Kenntnis von der Geburt Christi hat, ist Herodes eindeutig „das Ungeheuer der Weihnachtsgeschichte".

So unglaublich grausam war dieses Gemetzel an den unschuldigen Kindern, daß einige Gelehrte hinter diesen Teil des Berichtes ein großes Fragezeichen gesetzt haben: So etwas sei nie geschehen. Aber ein solches Verbrechen paßt zum Charakter des Herodes, den Krankheit und Hofintrigen in seinen letzten Jahren fast verrückt machten. Er heiratete zehn Frauen, die ihm eine kriecherische, ehrgeizige Brut von Söhnen gebaren. Sie verwandelten den Palast durch ihre Ränke, an die Macht zu kommen, in einen menschlichen Abfallhaufen.

Herodes war so eifersüchtig auf seine Lieblingsfrau, daß er bei zwei Gelegenheiten anordnete, sie solle getötet werden, falls er von einer kritischen Mission nicht zurückkehren sollte. Und dann tötete er sie schließlich selbst, dazu ihren Großvater, ihre Mutter, seine Schwägerin und drei seiner Söhne, von unzähligen Untertanen ganz zu schweigen. Während einer Schwimmveranstaltung in Jericho ertränkte er sogar den Hohenpriester, der zufälligerweise auch ein Schwager von ihm war. Die Anstifterin jedoch, die für viele dieser Morde verantwortlich war, war seine Schwester Salome. Sie war so eifersüchtig auf seine Frauen, daß sie jahrelang im Jerusalemer Palast die Saat des Argwohns säte, indem sie über jeden haarsträubende Lügen ersann – Lügen, die Herodes nur zu gern glaubte.

Herodes der Große

Der junge Herodes war ein außerordentlich fähiger Herrscher gewesen, der Palästina als Vasallenkönig im Namen des römischen Kaisers Augustus regierte. Herodes besaß viel Gespür für die Strömungen der mittelländischen Politik und verstand es, die richtigen Entscheidungen zu treffen. Sein Vater hatte Julius Cäsar entscheidende Hilfe gewährt, als dieser in Ägypten vom Nachschub abgeschnitten war, und Cäsar hatte ihn dafür großzügig belohnt. Herodes selbst hatte seinem Freund Marcus Antonius den klugen Rat gegeben, Kleopatra fallenzulassen und Frieden mit Rom zu schließen (Antonius hätte diesem Rat folgen sollen). Und als Augustus den Bürgerkrieg siegreich beendet hatte, war er von dem jungen Herodes so beeindruckt, daß er ihn in den Kreis seiner engsten Freunde aufnahm.

Während der 33jährigen Regierungszeit des Herodes änderte sich das Gesicht Palästinas; es wurde ein schönes, attraktives Land. Im ganzen Land verteilt entstanden Paläste, Festungen, Tempel, Aquädukte, und mit dem Bau des großen neuen Tempels in Jerusalem krönte Herodes sein Werk. Er schuf den prachtvollen Hafen von Cäsarea und förderte Handel und Gewerbe. Er unterstützte auch die kulturellen Bemühungen griechischer Städte weit von Palästina entfernt und wurde so zum Tagesgespräch im östlichen Mittelmeerraum.

Wenn die Ernte schlecht war oder Hungersnot herrschte, erließ Herodes die Steuern, und während einer Krise verkaufte er sogar sein Tafelgeschirr, um Lebensmittel für die Bevölkerung kaufen zu können. Er setzte sich als Beschützer für die Auslandsjuden in der Zerstreuung ein und söhnte sie mit ihren heidnischen Herrschern aus. Rom brachte ihm eine solche Hochachtung entgegen, daß er tatsächlich als „Herodes der Große“ in die Geschichte einging.

Doch in seinem eigenen Königreich fand er wenig Unterstützung. Herodes war nur Halbjude, und bei seinen Untertanen, die er kräftig besteuerte, galt er als zu stark romanisiert. Bald war er als Tyrann verhaßt, sogar in der eigenen Familie. Ein wahnsinniges Labyrinth von Intrigen durchzog den Palast, und Herodes begann, jeden zu verdächtigen, da er um sein Leben fürchtete. Als sein Verfolgungswahn zunahm, schrieb er ständig nach Rom und erbat die Erlaubnis, wieder einen oder zwei seiner Söhne wegen Verrats hinrichten zu dürfen. Schließlich mußte selbst sein Gönner und Freund Augustus zugeben: „Ich möchte lieber Herodes' Schwein als sein Sohn sein.“ Das war nicht nur ein Wortspiel – die griechischen Wörter für Sohn und Schwein klingen sehr ähnlich –, sondern ein ironischer Hinweis auf die Tatsache, daß Juden wenigstens kein Schweinefleisch verzehrten.

Alt und schwer an Arterienverkalkung leidend, machte Herodes sich Sorgen, daß niemand seinen Tod betrauern würde – und das mit Recht. So gab er von seinem Sterbebett aus den Befehl, Führer aus allen Teilen Judäas in der großen Rennbahn von Jericho einzusperren. Bei seinem Tod sollten Bogenschützen diese Tausende von Männern niedermetzeln, damit es in Verbindung mit seinem Tod tatsächlich zu einer Volkstrauer kommen würde.

Das war Herodes zur Zeit der Weihnachtsgeschichte. Hätte er dann wegen einiger Babys im kleinen Bethlehem Gewissensbisse gehabt? Wohl kaum! Bethlehem lag genau nordwestlich von seinem bevorzugten Festungspalast, der auf dem Herodium genannten Berg erbaut war. Hier sollte auch sein Grab sein, und darum hätte er hier zuallerletzt einen Aufstand im Namen irgendeines neugeborenen „Königs der Juden" geduldet.

Nachdem er sein Testament dreimal geändert und einen Selbstmordversuch unternommen hatte, zog Herodes sich schließlich im Frühjahr 4 v.Chr. eine ganz ekelhafte Krankheit zu, die sein Verdauungssystem vergiftete, seinen Leib entzündete, seine Geschlechtsteile faulen ließ und seine Atmung blockierte. Ein letztes fiebriges Zucken – dann starb er.

Aber zum Glück schlugen die letzten beiden Pläne des Herodes fehl. Die jüdischen Führer, die in der Rennbahn eingesperrt waren, wurden nicht umgebracht, sondern befreit. Und das Baby, das in Bethlehem sterben sollte, lag sicher in den Armen seiner Mutter. Sie waren auf dem Weg ihrer Flucht nach Ägypten.
(Aus: Paul L. Maier, „Das größte Ereignis".)

Erscheinung des Herrn
(Epiphanias)

Die Finsternis vergeht,
und das wahre Licht scheint jetzt.

1. Johannes 2,8

Da kamen die Weisen aus dem Morgenland
nach Jerusalem und sprachen:
Wo ist der neugeborene König der Juden?
Wir haben seinen Stern gesehen im Morgenland
und sind gekommen, ihn anzubeten.

Matthäus 2,1.2

Licht, das in die Welt gekommen,
Sonne voller Glanz und Pracht,
Morgenstern aus Gott entglommen,
treib hinweg die alte Macht.
Zieh in deinen Wunderschein
bald die ganze Welt hinein.

Rudolf Stier (1800-1862)

Die Sterne sind mir verblichen, seit mir in Christus die Sonne aufgegangen ist. *Clemens von Alexandria*

Als Kinder haben wir gern gesungen: „Weißt du, wieviel Sternlein stehen ...“ – Wieviele ungezählte Sterne und Sternchen sind schon am Menschenhimmel auf- und untergegangen!

Viele Sterne, majestätisch, mit langem Schweif und viel Geflimmer, haben einen noch längeren Schweif von Anhängern und Bewunderern nach sich gezogen. Und viele haben einander den Ruhm abgelaufen und den Glanz abgenutzt. Dieses „SDI-Programm“ wird auch nicht so rasch abklingen.

Aber die Sterne leben von der Nacht. Am Tage haben sie keine Chance. Man sieht sie nicht.

Der einzige Stern, der am Tage leuchtet, ist die Sonne!

Wer mit Clemens von Alexandria sagen kann: „Die Sterne sind mir verblichen, seit mir in Christus die Sonne aufgegangen ist“, dem ist wahrlich ein Licht aufgegangen! *Das* Licht!

*

Epiphanias

Im Prolog seines Evangeliums bezeugt Johannes: „Das Wort ward Fleisch und wohnte unter uns, und wir sahen seine Herrlichkeit.“ Im Lobgesang des Zacharias wird gerühmt: „Durch die herzliche Barmherzigkeit unsres Gottes hat uns besucht der Aufgang aus der Höhe.“ Paulus schreibt an seinen Schüler Timotheus: „Kündlich groß ist das gottselige Geheimnis: Gott ist offenbart im Fleisch.“

Diese Worte umschreiben den Begriff der Epiphanie. Er meint ursprünglich den Besuch und Einzug des Kaisers in einer bestimmten Stadt. Im geistlichen Bereich deutet er den geheimnisvollen Vorgang an, daß Gott, der seinem Wesen nach unsichtbar ist, auf dieser Erde Gestalt annimmt und seine Macht und Herrlichkeit kundtut. Indem die junge Christenheit ihr Christusfest, das nicht aus der Überlieferung Israels stammte, Epiphanias nannte, bekannte sie: In Christus ist die göttliche Welt in den Raum und die Zeit in dieser Erde hereingebrochen, und jetzt und hier ist Gott Mensch geworden.

Epiphanias war ursprünglich das Fest der Christgeburt. Auf seiner Wanderung nach Westen traf es dort auf das jüngere Weihnachtsfest und wandelte sich in die Feier der Offenbarung und Herrlichkeit Jesu, die vor allem in der Anbetung durch die Weisen aus dem Morgenland, in der Taufe durch Johannes und in dem

Weinwunder auf der Hochzeit zu Kana geschaut wurde. Diese drei Evangelien wurden darum dem Epiphanienfest zugeordnet.

Während die römische Kirche mehr und mehr den 6. Januar als Dreikönigstag beginnt, blieb er in der Ostkirche der Tauftag des Herrn, und seine Botschaft von der Herrlichkeit des Gottessohnes wurde in dem Wort festgehalten: „Das ist mein lieber Sohn, an dem ich Wohlgefallen habe."

Weil die drei Weisen die ersten Heiden sind, die ihre Knie vor dem Kind in der Krippe beugen, wurde der 6. Januar in den Kirchen der Reformation zum Missionstag. Erst in unsern Tagen gewinnt Epiphanias langsam die Fülle seiner Botschaft zurück. Die Lieder der Epiphaniaszeit künden von der Herrlichkeit Christi und der Ausbreitung der Kirche unter den Völkern. „Jesus ist kommen, Grund ewiger Freude, A und O, Anfang und Ende steht da. Gottheit und Menschheit vereinen sich beide, Schöpfer, wie kommst du uns Menschen so nah. Himmel und Erde erzählet's den Heiden: Jesus ist kommen, Grund ewiger Freuden."
(Aus: Jörg Erb, „Geduld und Glaube der Heiligen".)

*

Die Weisen

Da Jesus geboren war zu Bethlehem im jüdischen Lande zur Zeit des Königs Herodes, siehe, da kamen Weise vom Morgenland nach Jerusalem und sprachen: Wo ist der neugeborene König der Juden? Wir haben seinen Stern gesehen im Morgenland und sind gekommen, ihn anzubeten. *Matthäus 2,1-2*

Es ist nicht bekannt, wieviel Zeit zwischen der Anbetung der Hirten und dem Besuch der Magier lag, aber die geheimnisvollen Männer aus dem Morgenland scheinen erst gekommen zu sein, nachdem Jesus im Tempel von Jerusalem dargestellt worden ist, also 40 Tage nach seiner Geburt. Leider wissen wir von den Magiern nur wenig mehr als von den Hirten.

„Drei Könige kamen aus Morgenland ..." So beginnt das beliebte

Weihnachtslied, aber es enthält schon wenigstens drei Fehler. Erstens ist nicht bekannt, wieviele Weise die Reise nach Bethlehem machten. Zweitens waren sie keine Könige, und drittens kamen sie nicht von so weit her.

Die Überlieferung hat allerdings ihre Zahl auf drei festgelegt. Wahrscheinlich wegen der drei Gaben Gold, Weihrauch und Myrrhe, die sie dem Kind Jesus schenkten, woraus geschlossen wurde: eine Gabe – ein Geber. Einige frühere Traditionen machen aus den Besuchern eine ganze Karawane, indem sie ihre Zahl auf zwölf festsetzen. Im Falle der drei hat die Legende auch die Namen beigesteuert: Kaspar, Melchior und Balthasar, und hat sogar ihr Alter angegeben: zwanzig, vierzig und sechzig, wie auch ihre Hautfarbe: weiß, gelb und schwarz. Aber die Namen tauchen erst im 6. Jahrhundert n. Chr. auf – zu spät für jede Echtheit, und ihr Alter und ihre Rasse klaffen zu auffällig auseinander.

Angeblich traf Thomas, der Indienapostel, die Magier, taufte sie auf den christlichen Glauben und ordinierte sie zu Priestern. Später erlitten sie den Märtyrertod, und ihre Gebeine wurden vermutlich in Konstantinopel begraben. Im 12. Jahrhundert wurden sie dann in den Kölner Dom überführt, wo sie noch heute ruhen. – Doch solche Behauptungen nehmen die wenigsten wirklich ernst.

Das griechische Neue Testament nennt sie einfach *„magoi apo anatolon"* – „Magier aus dem Osten" –, und *magoi* wird gewöhnlich mit Weiser, Sterndeuter oder Magier übersetzt. Und „der Osten" ist in diesem Falle irgendein Land von Arabien über Medien bis Persien, aber nicht weiter östlich.

Alle Unterlagen weisen darauf hin, daß die Magier, die eine alte und mächtige Priesterkaste bei den Medern wie bei den Persern waren, aus Mesopotamien oder Persien stammten. Diese Priester-Weisen, die für ihre Zeit eine außergewöhnlich hohe Bildung hatten, waren Spezialisten in Medizin, Religion, Astronomie, Astrologie, Weissagung und Magie, und ihre Kaste verbreitete sich schließlich über den größten Teil des Ostens. Wie in jedem anderen Beruf gab es gute und schlechte Magier, je nachdem, ob ihre Forschungen sich auf die Wissenschaften konzentrierten oder ob sie Wahrsagerei, Hexerei und Magie praktizierten. Den persischen Magiern wurden höhere religiöse und intellektuelle Kenntnisse zugeschrieben, während man die babylonischen Magier manchmal für Schwindler hielt.

Am wahrscheinlichsten ist, daß die Magier der Weihnachtsgeschichte schlichte Perser waren; denn der Begriff hat seinen Ursprung bei den Medo-Persern, und frühe syrische Traditionen geben ihnen persische Namen. Die naive christliche Kunst in den römischen Katakomben des 2. Jahrhunderts kleidet sie in persische Gewänder, und die Mehrheit der ersten Kirchenväter bezeichnet sie als Perser. Perser, die das Land im Jahre 614 angriffen, schonten die Geburtskirche, weil sie über dem Eingang ein goldenes Mosaik sahen, das die Weisen in persischem Kopfschmuck darstellte.

Andererseits, wenn man den Nachdruck auf die astronomischen Aspekte der Weihnachtsgeschichte legt – den großen Stern und seine Funktion –, spräche manches dafür, daß die Weisen von den Babyloniern abstammten, da die Sternkunde in Mesopotamien am weitesten entwickelt war.

Wo sie auch immer herkamen – der Besuch der östlichen Weisen war für die spätere Christenheit von großer Bedeutung: Die Magier waren Heiden, und die Tatsache, daß heidnische Magier das Jesuskind ebenso anbeteten wie die jüdischen Hirten, symbolisiert die allumfassende Reichweite der künftigen Christenheit. *„Und die Heiden werden zu deinem Lichte ziehen"*, hatte der Prophet Jesaja geschrieben, *„und die Könige zum Glanz, der über dir aufgeht"* (Jes. 60,3).

Der Stern, der sie nach Bethlehem führte, hatte sowohl örtliche als auch internationale Bedeutung. Die Hebräer erwarteten einen Stern als Zeichen für die Geburt des Messias (4. Mose 24,17) – ein späterer Pseudo-Messias versuchte, aus diesem Glauben Kapital zu schlagen, indem er sich selbst Bar-Kochba, „Sohn eines Sterns", nannte.

Östlichen Weisen war der hebräische Glaube bekannt, weil es in Babylon und in anderen Ländern große jüdische Kolonien gab. Selbst römische Schriftsteller sprachen von den großartigen Dingen, die man in Palästina erwartete. „Über den ganzen Osten hatte sich ein alter und fester Glaube verbreitet, daß Männer, die zu jener Zeit aus Judäa kommen würden, dazu bestimmt wären, die ganze Welt zu beherrschen", schrieb Sueton. Die Frage, die die Weisen Herodes stellten: „Wo ist der neugeborene König der Juden?", muß vor diesem Hintergrund gesehen werden.

Die Szene von stolzen, prächtig gekleideten Weisen, die ein Baby in armseligsten Verhältnissen anbeten, hat sich in der Vorstellung der Menschen festgesetzt, ist sie doch eine anschauliche Kontraststudie. Die Gaben der Weisen erklärt man symbolisch: Gold – eine königliche Gabe – bedeutete das Königtum Jesu. Weihrauch – ein wohlriechendes Pflanzenharz, das als Räucherwerk verbrannt wurde – zeigte seine künftige Priesterschaft an. Diese Substanz bestand aus kleinen weißlichen Tropfen oder Klumpen, die zu Pulver vermahlen wurden. Beim Verbrennen strömten sie einen Duft wie Balsam aus. Die dritte Gabe – Myrrhe –, im Griechischen *smyrna* genannt, war ein aromatisches, orangefarbenes Harz von den kleinen, stacheligen Bäumen der Commiphora-Familie. Myrrhe war teuer und wurde für Parfums, Salböl, Medizin und zum Einbalsamieren verwendet. Später wurde auf Golgatha Wein mit Myrrhe vermischt und Jesus als Linderungsmittel angeboten (Mark. 15,23); auch bei seinem Begräbnis wurde Myrrhe verwandt (Joh. 19,39).

Nach ihrer Anbetung an der Krippe verschwinden die Weisen aus der Geschichte und lassen uns mit vielen Fragen zurück. Kaum identifizierbar, gehören sie doch zu den vertrautesten Gestalten der westlichen Kultur. Ihre schwerfälligen Kamele sind, nachdem zum ersten Mal Weihnachten gefeiert wurde, jedes Jahr in die Geburtsszene zurückgekehrt.

Und die Weisen erreichten, was sie wollten, nämlich das Wunder der Geburt Jesu zu verbreiten. Bis dahin war die Geburt Christi eine höchst begrenzte Angelegenheit gewesen: Nur wenige Leute der unteren Klasse und nur einer Nationalität hatten damit zu tun gehabt. Aber der Besuch der Magier sprengte das alles, weil reiche Heiden sich zu armen Juden gesellten, weil König Herodes und die Priesterschaft von Jerusalem sich damit beschäftigten und selbst die Sterne „zuschauten“.
(Aus: Paul L. Maier, „Das größte Ereignis“.)

„Wir haben seinen Stern gesehen …“

Nur auf dem dunklen Hintergrund der Nacht
können Sterne ihren Glanz entfalten.
Je dunkler die Nacht, desto klarer leuchten die Sterne.

Wo Nacht ist, ist auch Sehnsucht nach Licht.
Und Nacht war es – dunkle Nacht:
im Morgenland, in Rom und Jerusalem.

Gelegentlich auftretende Sternschnuppen
konnten die Finsternis letztlich nur verdeutlichen.
Und noch etwas: Sie hielten die Sehnsucht wach
nach dem Licht – dem Stern.

Auch in den Herzen der Weisen
war diese Sehnsucht aufgebrochen.
Als Männer der Wissenschaft
mögen sie Stars gewesen sein –
der Stern waren sie nicht.
Herodes – das Symbol der Macht –
trug zwar eine funkelnde Königskrone –
der Stern aber war er nicht.
Schriftgelehrte und Priester, die religiöse Hierarchie,
können wohl „Stern-Prophezeiungen" geben –
der Stern aber sind sie nicht.
Man kann, wie einst der frag- und merkwürdige
Prophet Bileam,
tiefe Erkenntnisse und weitreichende Offenbarungen haben –
„Es wird ein Stern aus Jakob aufgehen ..." (4. Mose 24,17) –
und doch in der Dunkelheit bleiben und versinken.

Zum Licht kommt nur, wer sich auf den Weg macht
und dem Stern folgt.
Da mögen kleinere oder größere Umwege
eingeschlossen sein –
(der Königspalast in Jerusalem war solch ein Umweg) –
am Ende des Weges sind der Stall von Bethlehem,
das Kind in der Krippe.

Wer die Sehnsucht nach dem wahren Licht im Herzen trägt,
wird beim Kind in der Krippe Erfüllung finden.

Wer nach Erlösung und Befreiung
aus der Schuldverhaftung schreit,
wird vom Mann auf Golgatha erhört werden.
Hier wie dort ist das Ende *des* Weges erreicht,
den der Stern weist.

Hier wird die Aussage der Weisen zur Glaubensaussage:
„Wir haben seinen Stern gesehen ... und sind gekommen."

„… und sie zogen auf einem anderen Weg wieder in ihr Land!“

Am Ende der Weihnachtsgeschichte nach dem Evangelium von Matthäus stehen zwei ganz spezielle Reiseberichte. Da ist die Rede von den Weisen, die wieder in ihre Heimat zurückgehen, und da ist die dramatische Flucht- und Heimkehrgeschichte der heiligen Familie.

Ob wir nun an Maria und Josef denken oder an die Weisen – eines haben sie gemeinsam: Sie nehmen Jesus mit auf ihre Reise.

Daß sich diese Weisen durch die göttliche Erscheinung im Traume zur Änderung ihrer Reiseroute bewegen ließen, ist doch wohl ein Hinweis darauf, daß durch eben diese Begegnung mit dem Kind im Stalle, dem Heiland der Welt, ihr Leben in eine neue Richtung gelenkt wurde.

Bethlehem und den Stall, Maria und Josef und das Kind lassen sie zwar zurück, aber auf eine neue Weise sind sie mit Jesus verbunden.

Weihnachten liegt auch für uns wieder einmal hinter uns. Aber es sollte mehr als ein „Alle-Jahre-wieder-Erlebnis“ sein.

Jesus geht mit auf die Reise. Er kommt mit in das begonnene Jahr. An jedem neuen Tag will und wird er unser Reisebegleiter sein.

Abdrucke mit freundlicher Genehmigung folgender Verlage:
„Von guten Mächten", aus Dietrich Bonhoeffer, „Widerstand und Ergebung", Chr. Kaiser Verlag, München 1985.

Theophil Bruppacher, „Gelobet sei der Herr", Friedrich Reinhardt Verlag, Basel.

Jörg Erb, „Geduld und Glaube der Heiligen", Verlag St.-Johannis-Druckerei C. Schweickhardt, Lahr-Dinglingen 1965.

Theodor Glaser, „Fröhliche Weihnachten", 64 Seiten, Evang. Buchhilfe e.V., Vellmar.

Texte von Jochen Klepper aus „Ziel der Zeit – Gesammelte Gedichte", Luther Verlag, Bielefeld 1980.

Paul L. Maier, „Das größte Ereignis, Eine Dokumentation der Weihnachtsgeschichte", Aussaat- und Schriftenmissionsverlag, Neukirchen-Vluyn.

Kurt Rommel, „Anker, Bibel, Christuszeichen", Quell Verlag, Stuttgart 1985.

Erich Schick, „Der verborgene Mensch des Herzens, Biblische Meditationen", Schriftenmissionsverlag, Neukirchen-Vluyn.

Otto Schlißke, „Apfel, Nuß und Mandelkern, Was unsere Weihnachtsbräuche eigentlich bedeuten", Schriftenmissionsverlag, Neukirchen-Vluyn 1986.

Renate Wahr, „Das Heyne Weihnachtsbuch", Wilhelm-Heyne Verlag, München.

Rudolf Otto Wiemer, „Es müssen nicht Männer mit Flügeln sein", Quell Verlag, Stuttgart 1986.

Fritz Woike, „Fallendes Korn", Aussaat- und Schriftenmissionsverlag, Neukirchen-Vluyn.
